Ⓢ新潮新書

松原邦久
MATSUBARA Kunihisa

チャイナハラスメント

中国にむしられる日本企業

602

新潮社

まえがき

私は2004年9月に、中国中央政府から国家友誼奨を頂きました。

この賞は、中国の発展に貢献した外国人（個人）に与えられるもので、毎年50名前後の外国人が受賞しています。日本からはこの年、私以外に大学の名誉教授、僻地医療専門の医師、中国で活躍する日本語教師、気象専門家、精密機械の技術者、長年中国に駐在していた商社マンが表彰されました。

授賞式では、副首相クラスが表彰の盾と副賞の金メダル（純金で50グラム）及び記念品を受賞者に贈呈します。そして、首相から労《ねぎら》いの言葉が各国代表の受賞者に贈られます。私は日本の受賞者7名を代表して、温家宝首相（当時）と握手し、功績への感謝の言葉をいただきました。授賞式の後の晩餐会は、国慶節の前夜祭として国を挙げて盛大に行われる晩餐会に招待されるというかたちで実施されました。

首相が式典に出席するこの賞は、中国中央テレビのニュース番組で流されますので、中国人はよく知っています。しかし、外国人向けの制度にもかかわらず、海外に向けてはあまり積極的に宣伝をしていません。

これは推測に過ぎませんが、誇り高き中国人は、「外国人のおかげで中国が発展した」と受け取られかねないこの賞の存在を、海外にはあまり言いたくないのでしょう。一方、国内向けのニュースとしては、「中国に貢献してくれる外国人がこんなにたくさんいるんだよ」と、心地よくナショナリズムを刺激してくれるわけですから、積極的に報じられるのはよくわかります。

私が最初に中国を訪ねたのは、中国が改革開放政策をスタートさせた3年後の1981年です。その後、ずっと自動車メーカーの中国担当として中国と関わってきました。人民公社や配給制がまだ残っている時代から、GDPで世界第二位の経済大国になった今日までの変化を、この目で見、肌で感じてきました。

30年あまりの間、無我夢中で中国ビジネスに携わってきたわけですが、ふと振り返ってみると、奇妙な事実に気付きました。この間一貫して、中国経済が元気になればなるほど、日本の経済がしぼんでいっているのです。

中国との取引が大きくなればなるほど、日本の経済は小さくなっていく――。中国との貿易が増えれば増えるほど、日本の経済は大きくなってしかるべきなのに、これは一体何故なのだろうかと疑問になりました。

そして、根本的な問題に気づきました。日本企業の中国ビジネスは儲かっていない、中国のためにはなっても日本企業にとってはほとんど益がない、という事実です。現地に駐在するビジネスマンや、日本企業の中国ビジネス担当者に「調子はどうか」と尋ねてみて、良い返事が返ってきたことはほとんどありません。

加えてこの反日運動です。事あるごとに難癖をつけられ、日本製品不買運動にまで発展しているのに、日本企業が中国に留まっている理由は何なのか。今日ではすでに、「日本企業は何をされても中国から出ていかない」と中国側は見切っています。当然のこととして、中国側は日本企業に「無理筋」の要求を次々とふっかけてきます。私は、日本企業に対する「チャイナハラスメント」とでも言うべき嫌がらせ（その実態は本書で詳述します）が、今後も日常茶飯事のように繰り返されるのであれば、健全なビジネス環境は望むべくもなく、日本企業の中国ビジネスの将来は明るいものではないと思っています。

現在の中国ビジネスが儲かっていないのであれば、もう一度原点に戻って、中国ビジネスに何を期待しているのかを考え直し、縮小や撤退を含めた根本的な見直しをしてみる時期に差し掛かっていると思います。

私はこれまで多くの講演会に招かれ、中国に関する話をしてきました。講演を聴かれた企業幹部と話をすると、その多くの方が「中国ビジネスを行う上での基礎的な知識を欠いていた」と吐露されました。

本書では、こうした心情にお応えするため、日本企業が中国ビジネスを展開するに際して知っておくべきポイントを具体的に指摘してあります。事前に一言だけ申し上げるとすれば、「日本人と中国人は、あまりにも違った人たちであり、もし関わろうとするのならば相当な覚悟を持って臨むべきである」ということです。その覚悟がないのならば、中国と関わるべきではありません。中国は人口が多くて市場がありそうだとか、人件費が安そうだ、日本企業が多く進出しているから何とかなりそうだなどの単純な理由で進出するのはもってのほかです。

受賞理由は明かされませんでしたが、私が国家友誼奨を受賞したのは、長年の中国自動車業界への貢献が認められたものと認識しています。この間、多くの辛酸をなめさせられましたし、信頼を根底から覆させられるような仕打ちも受けました。見方を変えれば、この賞の授与は、中国側の私に対する「罪滅ぼし」という気もします。

以下では、私の長年の中国ビジネスの経験から導きだされた提案、意見、判断を率直に書いてみました。

日本のビジネスマンに対しても、また中国のビジネスマンに対しても、厳しい指摘をしていますが、それこそが中国政府から国家友誼奨を受けた者の義務だと考えています。

チャイナハラスメント　中国にむしられる日本企業——目次

第一章　中国人ビジネスマンの頭の中

約束違反を自慢し、平気でウソをつく経営者

２００５年12月６日、中国中央テレビ局が主催する「中国優秀経営者」の選考会が開かれました。この賞は、中国人経営者を対象に、毎年10名に贈られるものです。共産党の最高位にあるメディアの中央テレビ局が主催者であること、受賞すれば経営者としての箔がつきその地位が不動のものになること、さらに賞金も10万元（約１９０万円。１元＝19円で計算。以下同）と高額なことなどから、中国の経済人にとっては名誉と実利の両方を兼ね備えた喉から手が出るほど欲しい賞となっています。

選考方法は、まず主催者が10の産業分野から各２名の候補者を選抜します。選考会場となった清華大学経済管理学院国際講堂には、この年の候補者となった20名の経営者が集まり、それぞれが自らの業績をアピールする演説をしました。

候補者のなかの　人に、Ｃ集団公司（重慶市にある自動車生産会社で兵器産業から民需産業に進出。スズキの合弁パートナー）の董事長（日本の会社における「取締役会長」に相当）である王建中がいました。王建中は、約４００人の学生と教師を前にして、司会者の質問に答える形で、自信に満ちた言葉で演説をしました。以下は、その時の演説を抜粋したものですが、中国人のエリート学生という「内輪」が聴衆ということもあって、中国人ビジネスマンの「本音」が炸裂しています。彼らの生態を知るには格好の材料ですので、少し長くなりますが、最初にこの演説を引用してみたいと思います（読みやすくするため、少しだけ文章を変えています。また、武士の情けで「王建中」は仮名です）。

司会者「今回の全国人民代表大会で、あなたは『自主創新』の提案をした。自動車業界の自主創新に関して、あなたの意見を聞きたい」

王建中「自主開発の必要性を身に染みて感じていた。我々のような国防産業（兵器産業、航空産業、宇宙産業、電力産業、原子力産業、船舶産業をいう）には、外国企業はなかなか技術を売ってくれない。学ぼうとしても学べない。盗もうとしても盗めない。だから自分で研鑽するしかないのだ。

近年のC集団公司は、常に新しいものを創造することで発展してきた。新しいものを創造することを通してパートナーに認めてもらってきた。

日本のスズキの会長と交渉したとき、彼は初め『上から目線』で私を見ていた。しかし、この状況は昨年から変わった。

どのように変化したか？

交渉をするとき、私は毎回、国章をつける。外国人と交渉をするとき、自分が中国人であることを意識する。C集団公司は海外に進出し、発展した。こうした実績によって、会長の私を見る目が変わってきた。

スズキはC集団公司の株式を持っていた。C集団公司は自動車の開発をするとき、また新たに自動車関連の事業を行うとき、スズキの同意をもらわなければならなかった。スズキは、商品を提供するときに、イニシャルロイヤリティとランニングロイヤリティをとる。しかし、私の欲しい商品をくれないので、合作中（合弁で取引関係にあるとき）に意見が合わないことが多かった。

スズキの会長は、我々が日本に勉強に来ること、また交流することを希望していた。

しかしC集団公司は自分で発展したいので、『ただ一つの企業だけに頼ってはいけない』と思っていた。

以上の二つの理由から、私はアメリカのフォード社と接触した。スズキの会長は、私がフォード社と接触したことに大きな不満を表し、抗議してきた。というのは、スズキがC集団公司の株式を購入するとき、『C集団公司が新たに自動車関連の事業を行うときには、事前にスズキの承認を得ること』という約束があったからだ。

しかし、私はスズキの同意を得なかった。その後、この問題で交渉の機会をもった時には喧嘩になり、ようやく切り上げた時には20時半になっていた。その間、彼らは我々に食事をさせなかった。次の日も14時まで交渉したが、日本側はまた我々に食事を出さなかった。『日本人はみんなケチだ。食事も出してくれない』と私は言った。

C集団公司は自分の道を歩き、必ず成長する。C集団公司という学生は、小学校を卒業したら中学校に上がる。中学校を卒業したら必ず大学に上がる（注・中国では初等中学3年間、高等中学3年間を経て大学に入る）。

私は会長に、『あなたは私の先生である』と言った。しかし次の言葉は口に出さなかった。

『あなたは私の先生である。しかし私のおやじではない。私はあなたの話を全て聞く必要はない。あなたが計画してくれるとおりに行動する必要もない』

今年（2005年）、私は日本のスズキに行った。会長は『写真を撮りましょう』と私を誘った。彼は私を自ら誘って中国の国旗の下で写真を撮った。

（上から目線だったはずの）会長から、今年はなぜこのような接待を受けるのかと思った。その理由は、私の後ろに発展しているC集団公司があるからだ。気骨ある中国人が立っているからだ。私たちのロゴが立っているからだ。これがなければ、彼は私を自ら誘って中国の国旗の下で写真を撮らなかっただろう」

知人が「王建中の発言がネットに流れていて、スズキに関する内容が含まれている」と情報を提供してくれたので、私は直ちに社員に指示して全文を確保しましたが、スズキに関する個所は削除されていました。「約束破りを堂々と自慢しているのは、さすがにまずい」と誰かが判断したのでしょうか。一旦削除された発言内容を手に入れることができたのは、たまたま知人の知り合いが削除される前の王建中の発言の全てをインターネットから取り込んでいて、そのコピーをもらったからです。

この演説内容をより理解してもらうためには、スズキとC集団公司の関係を説明しておかなければなりません。

スズキの中国ビジネス

１９８４年、スズキはC集団公司とライセンス生産契約を締結し、C集団公司がスズキ製品（商用車）を生産することを認めました。その後、両社の関係は深まり、１９９３年、両社は合弁契約を結び、自動車（乗用車）生産会社（重慶長安鈴木汽車有限公司、以下長安鈴木）を共同経営するまでに発展しました。

私はC集団公司と最初からかかわっていましたが、王建中は１９９８年からC集団公司の総経理（実務責任者、社長に相当）として赴任してきました。その後、２００５年には董事長になっていたわけです。私は１９９５年からスズキの中国部の部長をしていましたので、１９９８年以降、C集団公司とのビジネス交渉の対面には、いつも王建中がおりました。

王建中が演説の中で触れていたスズキとC集団公司との「約束」は、１９９７年に交わされています。当時、C集団公司は、スズキに対してC集団公司が発行するB株（外国向け株式）を購入してほしいと要請してきました。スズキはその要請を受けてＢ株を購入しました。その株式を購入するとき、王建中が演説で明らかにした通り「Ｃ集団公司が新たに自動車関連の事業を行うときには、事前にスズキの承認を得ること」という覚え書を交わしていたのです。スズキは大枚をはたいてＣ集団公司の株式を購入したわけですから当然の要求です。

この株式の購入によって私は、Ｃ集団公司の副董事長に就任しました。当時、外国人が中国国有企業の副董事長になるのは非常に珍しいことでした。

王建中は、「約束があることを承知していたが、事前にスズキの了解を得ることをしなかった」とはっきりと認めています。いわば確信犯です。これに対してスズキは、「覚え書違反」が明確になった１９９８年以降、Ｃ集団公司との往来を一切停止しました。

２００１年１月中旬、Ｃ集団公司の親会社である北京のＮ集団総公司（兵器を生産する国有企業。軍需から民需への進出が認められ１９８４年から傘下工場で自動車生産を開始。Ｃ集団公司は傘下工場の一つ）のＪ総経理から、スズキの鈴木修会長あてに親書が届きました。親書には「覚え書の問題について解決をしたい。本来なら日本に行くべきだが、全国人民代表人会や共産党中央委員会が控えているので出国が難しい。ついては北京に来てほしい」というものでした。

２００1年2月、私は会長のお供をして北京に赴き、J総経理とK副総経理との交渉に立ち会いました。この交渉でスズキの要求をC集団公司の親会社であるN集団総公司（C集団公司の株式の半数以上を保有し、人事権を持つ）が受け入れたことにより「覚え書違反」の問題は解決しました。王建中は問題解決の交渉には参加していませんので、清華大学での演説中「この問題で交渉の機会をもった時には喧嘩になり、ようやく切り上げた時には20時半になっていた。その間、彼らは我々に食事をさせなかった。次の日も14時まで交渉したが、日本側はまた我々に食事を出さなかった。『日本人はみんなケチだ。食事も出してくれない』と私は言った」という個所は作り話です。なお、スズキは２００2年、損のない価格でC集団公司の株を手放しました。

「覚え書違反」が明るみに出てから7年後の２００5年、王建中はスズキを訪問しました。鈴木会長は外国からのお客さんには、来社記念としてその国の国旗をバックに記念撮影をしています。外国のお客さんを迎える会議室には、当事国の国旗と日章旗を壁に掲げておりますので、いつものとおり記念の撮影をしただけなのです。「私の後ろに発展しているC集団公司があるから」でも「気骨ある中国人が立っているから」でもありません。しかし、このように「組織」や「国家」をすぐに背負いたがるのは、中国人ビジネスマンの典型的なメンタリティではあります。

さて肝心のことに触れておかなければなりません。王建中は中国優秀経営者に選出されませんでした。この年、自動車産業界からは彼の他に民間の自動車企業の董事長がノミネイトされていました。この二人で自動車業界の優秀経営者を争ったのですが、受賞したのは民間企業の董事長の方でした。候補者は事前に選考委員をホテルに招き夕食会を催すなど裏工作をしており、王建中も一流ホテルで夕食会を開きました。

王建中はC集団公司という国有企業の董事長兼共産党書記でした。主催者は共産党のメディアである中央テレビ局です。彼はかなり大きなアドバンテージを持っていたにもかかわらず落選しました。ありもしない話をでっち上げたり、虚勢を張ったりしていることが審査員に見抜かれてしまったのか、もっとえげつない話を競争相手がしたのか、あるいは裏工作が不足していたのか、落選の理由は分かりません。

ともあれ、日本のビジネスマンにも、実際には何もしていないのに「あれは俺が手がけた」と言ったり、大した知り合いでもない偉い人を「あの人とは親しい」などと吹聴したりする人はいるでしょうが、公衆の面前で完全な作り話をしたり、約束違反を堂々と自慢したりする人は恐らくいないでしょう。王建中は、全国人民代表大会の重慶市のメンバーであり、江沢民元総書記のオセアニア諸国外遊に企業人の一人として同行したくらいですから、中国ではそこそこ知られた経営者です。そのようなひとかどの経営者でも、これくらいのことをやるのですから、中国人ビジネスマンが、いかに日本のビジネスマンと異なる人種であるかは、お分かりいただけるかと思います。

以下、我々の常識とはあまりに異なる、中国人ビジネスマンの特性を、私が体験した事例を交えながら説明します。

法律よりも交渉を重んじる

中国の法律はザル法と言われています。共産主義体制のまま、経済だけは資本主義体制に変更しましたから、個々の法律間に整合性が欠けていることも事実です。ただ、この問題は時間の経過とともに解決されていくでしょう。

中国の法律に関して一番問題なのは、「すべての人民に法律が平等に適用されない」ということです。もっとはっきり言えば、共産党員には一般人民より有利に法律が適用されます。コネがある人間には、コネがない人間より有利に法律が適用されるのです。ですから中国の人民は自国の法律を信用していませんし、法律が自分を守ってくれるものだとも思っていません。

では、争いが起きたときにはどうやって解決するのか。実は、法律ではなく交渉によって問題を解決しようとします。

日本では法の下に万民が平等です。我々は法律によって守られています。法律に従わなければ法律によって裁きを受けます。約束を破ったりすれば、法律によって解決され、契約に違反した者は処罰されます。先進国では当たり前の常識ですが、この常識が中国では通用しません。

中国にいる外国人の不満で最も多いのは、中国人が契約した条件を守らないことです。しかし、紛争が発生したからといって、裁判所に持ち込むのは時間の無駄です。当の中国人ですら、裁判所で公正な裁定が期待できると思っていないのですから（三権分立の確立していない中国では、裁判所は共産党の意向を配慮せざるを得ません）。いわんや外国人が公正な裁定を望むのは無理というものです。法律に訴えて救済を求める外国の企業はありますが、すべて中国側に有利な裁定が下りています。結局のところ、中国でビジネスを続けるのであれば、中国人が得意とする交渉によって問題を解決するしか方法はありません。

スズキとC集団公司の覚え書違反の件では、C集団公司の親会社であるN集団総公司が交渉による解決を求めてきました。問題が交渉によって解決しない場合は、ひとつ上のランクでの交渉となります。現場での交渉で解決しない問題はマネージャー同士で、マネージャー同士でダメなら経営者同士で、経営者同士でダメなら最終的にはボス同士の交渉で決まります。ボスが出てきて結論が出ないことはありません。

中国人は何でも、「やってしまったほうが得。相手が文句を言って来たら交渉で解決すればよい」と考えています。法律ではなく「交渉がすべて」なのです。

「内組織」と「外組織」

中国人の社会では、法律が自分たちを守ってくれません。では、何なら守ってくれると考えているのでしょうか。それは、自分たちの属するグループです。グループには、血縁に基づく同族グループ、同郷グループ、同窓グループ、同一企業集団グループなどが存在しています。

有名なところでは、中国の政府要人の子弟の集まりである「太子党」があります。政府要人の子弟は、同じ敷地に住み、幼稚園から高校まで同じ学校に通う場合も多いですから、お互いを認め合うようになり、一つの大きなグループになっていきます。習近平総書記を筆頭に、共産党の指導部には数多くの太子党がいます。

また、太子党に対抗する形で、自分の実力一本で成り上がっていく人の多い「中国共産主義青年団」も一つの大きなグループです。現在の共産党中央の中では、李克強首相はこのグループに属しています。

また、同郷グループと言えば、失脚した元重慶市共産党書記の薄熙来は、遼寧省に勤務していた時代の部下をグループとして組織し、重慶にも連れて行っていました。

中国では、自分が所属するグループを「内組織」、それ以外を「外組織」と言います。地位が高くなればなるほど属するグループも増えていきますので、人間関係は複雑に絡み合うことになります。

このような組織には、問題をスムースに解決したり、ことをうまく進めたりするリーダー（ボス）がいます。たいていの場合、これらの組織のボスは、人生をかけて人脈（コネ）を築きあげてきた年長の経験豊かな人物です。彼らは問題ごとに誰に話をすればよいかを、そしてその人物に話を持ち込むにはどの組織を通したらよいのかを知っています。

中国人は、自分たちの組織の利益を守る唯一の方法は、頼りにならない法律ではなく、ボスを中心とした外組織との交渉であると考えています。「上に政策あれば、下に対策あり」という言葉をお聞きになったことがあると思いますが、これはボスを中心に上からの命令や規則に対抗して何らかの対策を施し、自分たちの利益を守ることを言い表した言葉なのです。

どこの組織にも、昔から引き継がれてきた伝統的な道徳や道義があり、これによって組織の支配が行われています。法律が頼りにならないからこそ「内組織」が存在するのですから、個々の中国人にとっては、組織を支配する道徳や道義は法律よりも上位に位置することになります。

道徳や道義の解釈権を持つボスの判断は法律よりも重要で、ボスは法律に制約されることなく力を行使します。組織のボスは、契約を守らないこと、契約を無視することが、自分たちの組織により多くの利益をもたらすと判断すれば、躊躇することなくそうするのです。

冒頭で紹介したC集団公司の董事長が約束違反をしたのは、約束違反することが自分たちの組織、すなわちC集団公司の利益に役立つと判断したからです。その意味で、王建中の行動は、中国人にとっては「普通のこと」なのです。

「外組織」にはウソを言ってもかまわない

中国人ビジネスマンは二つの倫理観を持っています。一つは自分が所属する内組織のなかでの倫理で、これは「人を騙してはいけない」とか「約束を守る」といった、我々と同じ倫理です。

もう一つは、外組織の人間に対する倫理で、この倫理が適用される相手には、約束を守らなかったり契約を反故にしたりすることも悪いことだと考えません。それも「交渉の一部」と考えるのです。いうまでもなく、日本人ビジネスマンはすべて「外組織」の人間ですから、中国人ビジネスマンと交渉する際には「交渉の手段として相手はウソをついてくることもある」ということを片時も忘れるべきではありません。

中国では、交渉相手に気持ちよく接して親切にする一方で、商品にとんでもなく高い値段をつけたり、客に黙って欠陥商品を売りつけたりすることは、倫理に反することにはならないのです。交渉相手や客は「外組織」の人間だからです。中国のデパートの電気製品売り場などで、客がその電気製品を実際に通電させて、機能を確認して購入する姿をよく見かけるのは、そういう事情があるからです。

中国で生活していると、偽札が非常にたくさん出回っていることに気づきます。なぜ偽札が多く出回っているかと言えば、偽札と分かっても、中国人はそれを警察に届けずに使ってしまうからです。警察に届け出れば偽札が没収され自分が損をします。自分が騙されたのなら、誰かを騙し返すわけです。偽札を摑まされたのなら、摑まされたほうが悪いのです。

車を購入するときも同じような光景に出くわします。あるとき、地方の販売店を訪問していたら、販売店の社員が展示台に陳列してあった車を陳列台から下していました。展示品の入れ替えをするのかなと思っていたら、なんと「この車が売れたから展示台から下している」というのです。同色で同じ仕様の車が倉庫にあるのだからそれを渡せばよいのにと思いましたが、中国ではそれが通用しないのです。お客さんは販売店を信用していないので、倉庫の車を購入すれば何かの部品を変更されるだろうと考えているのです。

中国人ビジネスマンは、外組織の人間に対して契約を守らなくても、「悪いことをした」とは思いません。それどころか、外組織を出し抜くことで自分たちが有利になるのであれば、それはビジネスマンの手柄となり、「内組織」での評価が上がるのです。冒頭で触れた王建中にしても、自分の所属する組織のなかでは約束や契約を反故にしたりはしないでしょう。もし内組織でそのようなことをすれば出世や将来はないからです。

私は、合弁会社（長安鈴木）の総経理をしていたとき、人事課と総務課の社員を対象に、「騙す人間と騙される人間はどちらが悪いか」という質問をしてみたことがありますが、ほとんどの社員が「騙された人間が悪い」と答えました。一方、スズキを退職した後で教鞭をとっていた愛知県の大学の学生に同じ質問をしてみたところ、学生は圧倒的に「騙した人が悪い」と答えました。

昭和の名歌「東京ブルース」の歌詞に、「泣いた女がバカなのか、騙した男が悪いのか」という文句がありましたが、中国では圧倒的に「泣いた女」が悪いのです。

「プライド」のあり方が日本人と違う

中国人ビジネスマンとの交渉を幾度となく行っていると、とんでもない要求をしてきたり、一旦は同意したことを反故にしたり、お互いが合意した内容を勝手に変更してきたり、こちらが発言していないことを発言したように主張したりと、「よくもこんなことができるものだ」と驚くような経験をたくさんします。

大半の日本人なら、プライドやら自尊心やら教養やらが邪魔をして出来ないような振る舞いを、中国人は平気でしてきます。もちろん、彼らにもプライドや自尊心はありますが、それが日本人にとって破廉恥に思える言動とは結びついていないのです。

私も中国人ビジネスマンとの交渉で「あなたたちには自尊心もプライドもないのか」と叫んだことは数えきれません。しかし彼らは、なぜ私がプライドや自尊心を理由に非難しているのか理解できないようでした。彼らの共通した答えは「我々は我々の希望する要求をしただけであって、もし反対であればあなたは反対と言えばいい。なぜ交渉して決めればいい話に自尊心やプライドを持ち出すのか」でした。

彼らは、日本人のような外組織の交渉相手にはどのような要求をしても良いと考えています。交渉で勝者になるためであれば、こちらから見て見苦しい行動や発言も「当然のこと」と思っています。

漫画家の西原理恵子さんは、交渉や喧嘩は「えげつない方が勝つ」という名言を残されていますが、これを誰に言われなくても実践しているのが中国人なのです。

面子を潰されたら、必ず仕返しをする

中国人は、ことのほか面子《メンツ》を重要視します。それには中国社会の仕組みが関係しています。

日本では表現の自由や人権が法律によって保護されていますので、だれが何を言おうと気にすることはありません。もし他人が自分の名誉を毀損するような行動をとれば、法律によって解決することができます。

しかし、中国社会では法律は平等に適用されませんので、一旦世間に対する面子が傷つくと、回復することは至難の業なのです。もし面子を失って何も反撃ができないときには「力のない人間」と評価され、一生静かにおとなしく生きていくしか方法がありません。面子を失ったことはやがて居住地区に広まり、人目を避けて生活するしかなくなります。中国人の面子は生存権にかかわっています。

だから、中国人ビジネスマンは他人の自分に対する評価を非常に気にします。逆の言い方をすれば、自己主張は強いけれど他人に対する評価には非常に慎重で、悪口を言う

ことはめったにありません。誰かの評価や名声を傷つければ、遅かれ早かれ必ず仕返しが待っています。中国人は面子を潰されたことは決して忘れません。

日本から派遣された総経理や工場長などの現場責任者が、中国人の社員を人前で叱っていることがありますが、この「他人の面前で人を叱る」という行為は、中国においては絶対にやってはいけないことです。

もう一つ日本人が注意しておきたいことは、中国人の前で中国人を批判したり、自分の上司や同僚の悪口を言ったりすることです。中国人は人前で人を批判する人間を信用できない人間と判断します。

2001年4月に合弁会社社長安鈴木の総経理として派遣されたとき、私は、あたかも総経理然と振る舞っていた中国側から派遣されていた副総経理の権限を縮小することを断行しました。そうしなければ総経理としての責任が取れないと判断したからです。この時、私は副総経理を別室に呼び、合弁契約書に規定されている総経理責任制が記述されている条項を説明しました。彼の面子を考慮して、通訳は日本から出張してきていた日本人を使いました。私の専属の中国人通訳を使えば、副総経理は、それまで行使していた権限を縮小されるという不名誉を、自分よりも職位の低い通訳に見られてしまいます。個室と通訳の配慮をしたことで、この案件はうまく解決できました。

誰もが気にする「戸籍」と「人事ファイル」

中国人にとって戸籍と人事ファイル（档案《ダンアン》）は、生活をしていく上で非常に重要な証明書です。

戸籍は、人民の把握と移動を制限するためのもので、都市戸籍と農村戸籍があります。多くの農民が近くの都市に流れ込めば、都市の機能がマヒしてしまいますし、農民が減少すれば、農業生産量が減少し食糧不足の危機が発生します。そこで、農民の都市への移動を制限するために2種類の戸籍が存在するのです。日本ではどこに住むかは本人が自由に決めることができますが、中国では生まれたときに、どこに住まなければならないかが決まっています。

日本では、たとえビジネス交渉で失敗しても、辞職して新たな会社に就職することができますし、新たな土地に移住して再起を図ることもできます。しかし、戸籍制度で移動が禁止されている中国のビジネスマンにはそれができません。

都市戸籍を持っていて、ある企業グループに属して、そのグループのボスの指示に従って行動しているならば、その中国人はその組織の中では居心地よく過ごせ、自分の身も安泰です。

しかし、ボスから指示されたビジネス交渉や取引で失敗すれば、人事ファイルに記録され、それは一生消えることがありません。他の企業に就職するときには、この人事ファイルを見せなければなりません。

たとえば外国との交渉で、前任者よりも低い条件でしか交渉を纏められなかった場合、失敗とみなされます。失敗すれば「失敗者」のレッテルを貼られ、職場だけでなく住んでいる居住区でも肩身が狭くなります。出世のためには実績を作ることが求められますので、外国企業と交渉する中国人ビジネスマンは、前任者より少しでも良い条件を獲得しようとします。中国人ビジネスマンとの交渉が厳しくなるのは、このようなロジックも作用しているからです。

戸籍制度は、制定当時に予想もしえなかった社会現象を生み出しています。

都市に住むことができれば何事にも便利なので、ほとんどの人は都市に住みたいと考えています。若い男女が結婚して子供が生まれた場合、子供がだれの戸籍を受け継ぐかと言えば、現在は父母どちらの戸籍に入るか選択できるようになりましたが、１９９８

年に法改正されるまでは母親の戸籍でした。この名残が未だにあることに加え、北京や上海などの大都市に住む男性は、生活習慣の近い同じ都市の女性との結婚を望みます。地方の男性も将来のことを考えて、大都市の女性との結婚を望んでいます。ですから北京や上海などの大都市に住んでいる女性は非常に威張っています。都市戸籍を持っている女性に言い寄る男性は満天の星のごとくいるからです。

北京に駐在しているとき、未婚の男性社員に「女性と付き合うとき、何に一番関心があるか」と聞いたところ「相手の女性の戸籍だ」との返事が返ってきました。性格や容姿、学歴ではなく、ほとんどの男性が相手の女性の戸籍を重視するのです。

あるとき、独身女性の通訳と北京の地下鉄に乗りました。当日は非常に混んでいて、私たちは吊革につかまって立っていましたが、電車が動き出してしばらくすると、斜め前に座っていた若い女性が私に席を譲ってくれました。

地下鉄を降りて目的地に向かって歩いていると、通訳の女性が「席を譲った女性は田舎からのおのぼりさんですよ」と発言しました。「どうして分かるのですか」と聞くと、「北京の女性なら席を譲ることなどしない」との答えが返ってきました。

農村戸籍を都市戸籍に変更することは原則できません。農村から都市に農民が流入することを防ぐためです。農村戸籍のまま都市で生活することはできますが、健康保険は適用されませんので医療費は高く、子供の教育に対する補助もありません。教育費は、都市戸籍の子供と比較してたいへん高くなります。

ただ、都市戸籍を持っていれば他の都市にも自由に移動できるかと言えば、これも原則できません。要するに自分が生まれた都市または農村から別の土地に移動できないのです。

北京では、一定以上の資本金の外国企業には一回にかぎり、その企業に勤める社員1名を、北京の都市戸籍を取得できるよう推薦することができます。

この制度を利用するためには、外国企業の総経理の推薦状が必要になります。私は長年にわたって我々の企業に勤めていた社員を推薦し、推薦状を書いてあげました。彼は首尾よく北京の都市戸籍を取得できましたが、その喜び様は大変なものでした。後に耳にしたことですが、私が国家友誼奨を受賞しており、その友誼奨受賞者の推薦ということがプラスに働いたようです。

中国のテレビドラマには、はっきりした一つの傾向があります。農村の女性は働きものので、夫に対して食って掛かるような場面は目にしません。一方都市の女性は非常に好戦的です。男性相手に喧嘩腰で議論している光景をたびたび目にします。30年前から今もなお、大都市を舞台にしたテレビドラマの中で怒っているのはいつも女性、じっと黙って耐えているのはいつも男性です。私は戸籍制度がこのドラマに反映されているのではと考えています。

何でも一番じゃないと気が済まない

現在の人類学の定説によれば、人類はアフリカが起源でそこから世界に広がっていったということになっていますが、私の中国人の友人はこれを認めません。「人類世界同時発生説」を信じています。

彼は、自分たちの祖先は北京原人であり、その原人が進化して現在の漢族になったと思っています。山東省にある前漢や後漢時代の遺跡から出土した人骨のＤＮＡは、現在の中国より西方に住む民族のそれと近い関係にあるという学術的な報告も出ているのですが、あくまで「中国の土地で人類が生まれた」と考えているのです。

中国人は、中国は世界で最も早くから文化が栄えた国であるから、中国の文化は優れており、それをつくりだした漢族は優れた民族であると信じています。要するに中国人は、よその地域からの影響など微塵も受けておらず、中国の土地で漢族の祖先が生まれ、その土地で偉大な黄河文明が生まれたと考えていて、「すべてが中国という土地で完結している」と思っているのです。歴史を振り返れば、現在の北京の街の原型を作ったモンゴル系王朝の大元ウルスや、満州族（女真族）が作った清国など、現在の中国にあたる地には様々な民族が行き来を繰り返していて、相当に「混血」が進んでいるであろうことは容易に想像できるのですが、現在の漢族はそう考えません。

漢族のなかには優れた人がおりますが、当然のことながらそうでない人もおります。「文化が早く栄えたから中国人は優秀だ」と思っている日本人もかなりの数に上ります。

高島俊男氏の著書『漢字と日本人』（文春新書）に、次のような一節があります。

「中国にはその（日本に文字がはいってくる）二千年も前から文字があったのに日本にはなかった。これは、中国の文化はすぐれた文化であり、日本の文化は劣った文化であったからだ、と思っている人があるが、そうではありません。中国の文化は早くうまれた文化であり、日本の文化はおそくうまれた文化なのである。文化も個人とおなじで、早くうまれるものもあり、あとからうまれるものもある。早くうまれたかあとからうまれたかは、優劣とは関係がない。これは個人について考えてみればだれにもわかることですね」

早くからこの地上に存在した中国人（漢族）は優秀な民族であると思っている中国人ビジネスマンたちは、常に自分たちが一番である、或いは一番でなければならないと思っていて、非常に高いプライドを持っています。他人からとやかく言われることを非常に嫌います。特に中国の文化の影響を受けた国からの指摘や忠告は快く思いません。

中国の環境問題は「放っておく」のが正解

1990年代の後半、日本と中国で自動車会議が行われました。これは通商産業省（現経済産業省）の発案で開催され、日本からは通商産業省の役人と自動車産業にかかわるメーカーの実務者が参加しました。中国側の人員構成も日本と同じようなものでした。

この会議は順調に二回開かれましたが、三回目からは中国側が参加に露骨に消極的になりました。背景には、すでに欧米の自動車企業が中国に合弁会社を設立しており、中国側に「今更日本に学ぶべきものはない」という意識がありました。それでも継続を希望する日本側は、こちらからお願いして三回目の会議を開催しました。私はすべての会議に参加しましたが、三回目の会議では中国側に「興味がない」との態度がありありでした。

日本側は、日本の自動車産業の発展の歴史を示すことが中国の参考になるとの思いで開催を提案したのですが、中国側にとっては迷惑以外の何物でもなかったのです。中国側の本音を言えば、「いちいち先輩ヅラするな」ということなのです。

ＰＭ２・５の問題も同様です。日本は環境汚染を除去する世界一の技術を持っているのだから、中国のＰＭ２・５の問題解決にも積極的に協力すべきだ、との意見がテレビや新聞で報道されています。このような意見を持つ人たちは善意から、「自分たちのためにも中国人のためにもなる」と考えて発言しているのでしょうが、中国側から見れば、「また先進国ヅラしやがって。やっぱり日本は鼻持ちならない国だ」と映るのです。

では、中国とはどのように向き合えばよいのでしょうか。

先にも述べたとおり、現在の中国は日本の善意を受け入れるような政治状況になっていませんので、先方から要請があるまでこちらから動かないほうが日中双方のためです。

このように言うと、「日本がＰＭ２・５に汚染されてしまう」という人がいますが、高度成長期には環境問題がつきもので、日本も経験してきた道です。日本が困る以上に発生源の中国に住む人たちは困っているのですから、本当に日本の技術が必要になれば向こうから支援を要請してくるでしょう。

要請を受けてから出て行っても決して遅くはありません。相手が頼んでもいないのにこちらからシャシャリ出るから、プライドの高い漢族は「この野郎！」と思うのです。こちらが善意で申し出たことでも、相手がそうと受け取れないのであれば、善意は成り立ちません。

私は、ビジネスの問題でも、環境の問題でも、その他の全ての案件において中国の要請があってから行動しても決して遅くなく、むしろその方が日中関係をスムースに発展させられると思っています。

「コネ社会」から「カネ社会」に

改革開放以前、中国の社会ではコネがものを言いました。有力な人のコネがなければ出世は望めませんでした。しかも共産党独裁の国ですから、一定の地位から上に行こうとすれば、共産党の党員でなければ不可能でした。党員になるには奉仕活動を経験し、共産党員3名（現在は2名）の推薦が必要で、非常に厳しかったのです。

改革開放前は、経済が発達していませんでしたし、生産したものを全員で平等に分けることが原則でしたので、全員が平等に貧しい生活をしていました。

1981年、私は瀋陽市の五八人民公社を見学したことがあります。外国人が家庭を訪問するのですから、当然一般の民家ではありません。人民公社の役員をしている方の家庭を見せてもらいました。

玄関を入ると今でいうキッチンとダイニング、その隣が老夫婦の部屋、その部屋の奥に若夫婦の部屋という間取りでした。トイレは別の棟にありましたが、冬は寒いので「オマル」を使用しているといっていました（私が訪問したのは11月でした）。ダイニングにはテレビが置いてありました。一般の民家ではテレビはなかったでしょうが、外国人に見せるような特別な人の家庭でも、そんなに豪華な調度品があるわけではなく、皆が貧しい生活をしていたと言えます。

この時代は市場も発達しておらず、配給制度が生きていました。消費者が買いたいものが市場にはありませんでしたので、現金はそれほど重要ではありませんでした。重要なものは何かといえば、物事をスムースに進めることができることや、いざというときにこちらの望みが叶えられる「力」でした。こうした権限を持つ共産党の幹部を知っていて、良い関係を築くという「コネ」が何よりも重要でした。

その後、農業の生産責任制や工業での工場長責任制などの施策によって、改革開放政策が浸透していき、中国の経済はどんどん成長していきました。この経済成長によって、大げさに言えば中国人の思想に大きな変化が現れました。それまでの常識や倫理観、あるいは社会のルールが様変わりし、「最も価値のあるものはカネである」という風潮が定着したのです。

最初に「カネ」を手に入れることができたのは、民間企業の経営者たちでした。彼らは「カネ」をバックに好き放題を行っていました。改革開放前には絶対にありえなかった、外国の高級車を乗り回すこと、ぜいたくなマンションに住むこと、若い二号さんを囲うことの「三点セット」が当たり前になっていました。この傾向は今でも続いています。

人民に奉仕していた共産党の幹部の目には、民間経営者の行動は羨ましく映ったことでしょう。そして彼らは、自分たちの持っている権限を利用して民間経営者と同じような行動をし始めました。

民間経営者は、自分たちの事業がスムースに行くように権力者との間で「コネ」を築きます。当然のことながら裏では「カネ」が動きます。

共産党のなかで出世するためには実績がものを言います。業績に応じて地位が上昇していくという仕組みは、日本よりも確実に行われています。そのために地方政府の役人たちは、外国企業の誘致に熱心になり、総生産指数や税収そして雇用の増加という実績作りに邁進します。この「実績」に「カネ」が加えられれば、その人の出世は間違いないものとなります。中国の農村部で、農地を買い上げて工業団地を造成したり、マンションを建てるため土地の使用目的を変更するときに、農民と警察が衝突したりするのは、地方の役人が少し強引に「実績」と「カネ」を作ろうとして農民の反発を受けた結果なのです。

現在の中国で最も大切なものは、「カネ」です。中国には拝金主義が蔓延し、贈収賄に絡む記事が毎日のように新聞紙上を賑わせているのはこのためです。あまりの酷さに中央政府も贈収賄の取り締まりを強化しており、甘い汁を吸える人たちもややおとなしくしていますが、ときがたてばまた蠢き始めるでしょう。

人間とは弱い動物です。一度甘い汁を吸ってしまえば、それが忘れられなくなってしまいます。中央政府は、贈収賄の取り締まりと同時に贅沢の禁止を通達しました。それによって各都市の中心部での役人の宴会や贅沢な飲み食いは減少しているようですが、「上に政策あれば、下に対策あり」というお国柄、町の中心がだめなら田舎に行けばいいと、最近、宴会は都市の中心から少し離れた田舎のホテルで行われています。

第二章　日本人ビジネスマンの落とし穴

日本企業の中国事業は「共産党への奉仕活動」？

私の中国駐在期間は7年です。「中国一筋」で活動しているビジネスマンに比べれば長いほうではありませんが、それでも日本から派遣された多くの総経理の友人に恵まれ、彼らの本音を聞く機会はたくさんありました。

ある酒造合弁会社の総経理は、「わが社は赤字ではないが、ほとんど利益が出ていない。なので親会社への配当はできない。ライセンス契約も結んでいないのでロイヤリティは受け取れない。酒の原料となる米は中国の東北地方のものと決まっているので、日本から輸入することはない」と話していました。

一般的に、製造企業の合弁会社で日本の出資者が利益を得る場合は、①配当、②技術使用料に当たるロイヤリティ、③生産用部品の輸出、という形を取ります。この酒造会社の場合、配当もなく、ロイヤリティも発生せず、原料の輸出もできていないわけですから、どこからも利益を得ていません。利益を得られないのであれば、「何のために中国に合弁会社を設立したのか」ということになります。意地悪く解釈すれば、「日本の出資会社が中国に合弁会社を設立したのは、中国に所得税を納め、中国に雇用を創出し、中国（共産党）に奉仕するため」と言うことができます。

「利益の獲得」という合弁会社設立の目的とは程遠い、「中国（共産党）への奉仕」状態にある会社は、この酒造会社に限りません。合弁、独資に関係なく、他にもたくさんの日系企業が、この酒造合弁会社と似たり寄ったりの状況に置かれています。

最大の貿易相手国が中国になった不幸

日本は、１９６８年に西ドイツの国民総生産（ＧＮＰ）の額を抜いて、世界第二位の経済大国になりました。２０１０年に国内総生産（ＧＤＰ）で中国に抜かれるまで、42年間、日本は世界第二位の経済大国の座を守っていました。

日本が驚異的な成長を達成できたのは、貿易の最大の相手国がアメリカであったことが関係しています。豊かで、鷹揚で、さらには冷戦を戦っていた当時の「味方」を守りたいとの意図も持ったアメリカを相手に、日本の貿易収支はずっと黒字が続いていました。70年代の繊維摩擦や、80年代以降の日米構造協議など、日米の間に貿易問題が発生することは時にありましたが、アメリカなくして日本の今の姿はあり得なかったことは間違いないでしょう。

一方、対中国の貿易収支は日本の大幅な赤字で、しかも年々赤字幅が拡大しています。中国に設立された日系企業で親会社への配当ができている企業はそもそも少ないのですが、それを反映してか、2004年までは、直接投資収益率も6%台とアジアのなかでは最低です。アジアの直接投資収益率の平均は12%台ですので、いかに中国の日系企業の収益率が低いかがわかります。ただ最近では、10%を超えるデータも見うけられます。中国の日系企業の直接投資収益率がアジア諸国のそれと同等ということは、にわかには信じ難いのですが、このデータが実態とマッチしていればよろこばしい限りです。

次に、ロイヤリティの面から見てみましょう。サービス収支を構成する特許使用料は、近年黒字が拡大していると報道されています。貿易統計を見ると、日本の受け取る特許使用料の9割以上を、自動車を主とする輸送機器が稼いでいます。

この輸送機器の特許使用料は、北アメリカからの受け取りが中心です。日系自動車企業の中国での生産台数が、日系自動車企業のアメリカでの生産台数を超えた年でさえも、特許使用料の国別の受け取り額で、アメリカからの割合が増えています。このことは、中国での日系自動車企業の生産台数が増えても特許使用料は伸びない、すなわち1台当たりの単価が低く、収益率も低いことを意味しています。一言で言えば、中国ビジネスはいくら大きくなってもロイヤリティ収入は増えないということです。

日本の貿易に占めるアメリカのシェアは、1990年に27・4％であったものが、2013年には13・1％と半減以上の落ち込みです。一方、中国の占めるシェアは同じ時期に3・5％から20・1％と6倍弱にまで膨らんでいます。儲けさせてもらったアメリカとの貿易額が大幅に落ち込み、儲けさせてもらえない中国との貿易が拡大したのですから、日本の経済が変調を来すのは当たり前です。ちなみに、2001年から2013年までの日本の貿易収支をアメリカと中国で比較すると、年平均でアメリカとは600億ドルの黒字、中国とは240億ドルの赤字です。便宜的に日本の人口を1億人、1ドルを100円とすると、アメリカからは一人当たり毎月5000円が入ってきて、逆に中国には一人当たり毎月2000円が出ていっているということになります。

「後ろめたさ」につけ込まれる日本人

では、中国ビジネスが儲からない原因はどこにあるのでしょうか。日本人ビジネスマンに固有の理由として、さしあたり三つほど挙げることができます。

一つ目の理由は、日本と中国の国交が正常化し、中国とのビジネスが始まった当時、日本の経済界のリーダーの多くが、戦前の日本の中国に対する行為への後ろめたさ、申し訳なさ、負い目といった感情を持っていたことです。こうした後ろめたさがあったので、ビジネス上の少々の無理筋の要求やトラブルには、目をつむったり、我慢をしたり、妥協をしたりという態度を取りがちでした。中国側は、日本側のこの善意ともいえる心理状況を逆手にとって、ビジネスに利用してきました。そして、この流れが今でも続いているのです。

二つ目は、日本の経営者や中国を担当するビジネスマンが、中国の社会の仕組みや中国人ビジネスマンの思考方法や行動方式をあまりにも知らな過ぎたことがあります。第一章で、中国人ビジネスマンがいかに日本人ビジネスマンと違った人種であるか述べましたが、その違いを認識せず、同じアジア系の外見にだまされてしまっている人たちがあまりに多いのです。

三つ目は、中国人ビジネスマンと比較して、日本のビジネスマンの交渉力が見劣りすることです。第一章で詳述した通り、中国人にとっては「交渉がすべて」です。自分の一生をかけて交渉している中国人ビジネスマンと日本人ビジネスマンとでは、普通に対峙したら勝負になりません。交渉で初めから中国人に押されてしまい、不利な条件でビジネスを始めてしまっているケースがあまりにも多いのです。そして一旦条件が決まってしまうと、その条件を変更するのは至難の業なので、悪い条件のままでビジネスを継続していくという悪循環に陥ってしまいます。

実を言うと、トップである鈴木修会長が自ら『俺は、中小企業のおやじ』（日本経済新聞出版社刊の著書のタイトル）と言っていて、早くからハンガリーやインドなどに工場をつくって経験を積んできたスズキは、こうした各国のビジネス事情をわりとよく理解しています。中国ビジネスには何よりも交渉力が必要なのも早くから承知で、インドネシア担当であった私に白羽の矢が立ったのもそれが理由かもしれません。

中国担当になる前、私は労働組合の専従役員をしていて、会社の首脳部との団体交渉をたっぷりと経験していたからです。組合員の総意を受け、時にははったりも混ぜながら、会社の首脳部に要求を突きつける。場合によっては、会社の事情を組合員に説明し、彼らをなだめたり説得したりもする。そんな交渉を日常的に繰り返していました。会社の「偉い人」に要求を突きつけるには、それなりの度胸とテクニックが要ります。やや手前味噌ですが、私の交渉力はこうして磨かれたのです。

私はある時、中国の国有企業の幹部から「あなたほど『会社の利益、会社の利益』と主張する日本人には会ったことがない」と言われたことがあります。ひょっとしたらイヤミだったのかもしれませんが、褒め言葉だったと解釈することにしています。

交渉が済んだら、次は契約書

仮に交渉が順調に進み、こちら側が求める条件を相手側にある程度呑ませることができたとしても、安心してはいけません。「契約書」という次のハードルが待っているからです。

契約書は、双方が合意した条件を文書化したものですが、「言った、言わない」では済まされない「証」として残ります。双方が合意した条件を契約書に落とし込んでいく作業は大変な労力と細心の注意が必要です。事業が成功するか否かを左右するといっても過言ではないほど重要な作業です。

日本人同士ならば基本的な信頼関係が結ばれているので、細かい条項に多少の不備があってもそれほど大きな問題にはなりにくいのですが、中国企業との契約の場合、細かな部分にこそ落とし穴が潜んでいます。というより、後で言い逃れをしたり、自分の側が有利に取引できるように、確信犯で細かな部分に落とし穴を仕掛けたりしてくるのです。

事業を進めるうえでも、送金するうえでも、さらには撤退する場合でも、「証」となる契約がしっかり結ばれていなければ、必ずトラブルになります。合弁相手から「内組織」のように「老朋友」「老朋友」と歓待され、毎晩夕食をごちそうになって「干杯」「干杯」で、すっかり気を許してろくな契約書を交わさなかったばかりにトラブルになった、などという事例はたくさんあります。契約は事業を進めることそのものと同等か、それ以上に重要なことです。

以下に、合弁契約を結ぶ際を例に、押さえておくべき項目と「ありがちな落とし穴」について述べます。ここでは合弁会社について述べていますが、独資会社や合作会社を設立するときも「ありがちな落とし穴」は同じです。

中国企業と合弁契約を結ぶ際の注意点

①合弁会社の組織形態と出資者の責任範囲を明確に規定する

合弁会社の組織形態では「合弁会社の組織形態は有限責任会社とする。合弁会社は自己に属する財産で自己の債務に対して責任を負い、自らの危険および欠損を負担する」と規定して合弁会社の責任範囲を確定しておきましょう。

次に出資者の責任範囲として「合弁当事者（出資者）は、それぞれの出資額を合弁会社に対して払い込む責任のみを負う」と規定しましょう。合弁会社、出資者それぞれの責任範囲が定められていれば、それ以上の責任を取る必要はありません。

合弁会社の資金繰りが苦しくなり、債務の履行ができなくなれば合弁会社を解散させるだけのことです。この規定がないと、出資者である親会社が果てしなく資金供出を迫られ、果てには親会社まで乗っ取られてしまう危険性があります。またこの規定があれば、合弁会社の社員でもない親会社の社員が便利使いされる危険性もなくなります。

②「技術提携契約」を、合弁契約とは別途結ぶ

合弁契約の中に趣旨も性格も全く異なる技術契約の内容を含めることは適当ではありません。本契約にくらべ、どうしても「なあなあ」になってしまいます。実は、それこそが中国側の狙いでもあります。「別途、技術提携契約を結ぶ」と合弁契約に書いておきましょう。技術提携契約を結び、これを合弁契約書と一緒に提出すれば「技術料」という形で親会社がロイヤリティを受け取れます。もし合弁契約書に「別途、技術提携契約を結ぶ」と書いていない場合、技術提携契約を結んでも当局に認められないことがあります。

③合弁会社の解散事由を明記する

合弁会社を設立する交渉は、お互いが将来への期待を込めた雰囲気の中で行われますので、新しい会社設立に向け前向きで、協力的です。そして解散事由の条項を議論する段では、お互いが協力すればこのような事態になることはないという前提で交渉しますので、往々にして解散事由が抽象的な表現になりがちです。前向きな話し合いのなかで後ろ向きの話をする雰囲気にないのです。これが「大きな落とし穴」ですので気乗りしない仕事でもしっかり詰めておくことが将来に役立ちます。

解散事由が抽象的な表現ですと、儲かっていない会社なのに解散させることすらできず赤字の垂れ流しがずっと続いてしまう可能性が生じます。解散事由は出来るだけ細かく具体的に記載しておかなければなりません。「欠損の累計が登録資本の50％を超えたとき」「3年連続して欠損が出たとき」「5年間で累積欠損になったとき」「新たに法律が制定されて合弁会社に重大かつ実質的な不利益が生じ合弁会社が有効な解決方法を見いだせないとき」「銀行保証ができないとき」「第何条、第何条の違反があったとき」など、業種ごとに「うまくいかない場合」はさまざまですので、どのようなケースが想定できるのかよく考えて具体的に記載しておきましょう。

④合弁会社の目的は「利益を得ること」

出資者が合弁経営をする目的は、満足する経済利益（配当）を得ることです。合弁会社の目的は「配当を得ることである」とはっきりと遠慮なく書いておきましょう。日本的な感覚で、「親は子供の面倒を見るのが当然」「うまくいっていない時は親会社の利益は自粛しよう」なんて考えていると、中国側にすべて持って行かれることにもなりかねません。配当は堂々と要求すべきです。

中国で利益配当を行うときは、所得税を納付した後の利益から三項基金（予備基金、福利奨励基金、企業発展基金）を控除して配当可能利益を算出します。配当は董事会の決議事項ですから、揉めないようにあらかじめ契約書の中で、最低でも配当可能利益の80%を配当するなどと規定しておくことも良い方法です。中国では何が起こるか分かりませんので、できるだけ早く配当を受けて身軽になっておくことをお勧めします。

⑤借入金の保証

合弁会社が資金の不足分を銀行から借り入れるとき、出資者の保証を要求される場合があります。出資者は「出資比率に応じて保証する」ことにしておきます。中国側の出資者に保証能力がなくて、銀行保証できないことが往々にしてあります。このような場合、日本側に保証の肩代わりを求めてくるケースがしばしば生じますが、決して肩代わりしてはいけません。

中国に進出して失敗することになる企業の多くは、合弁会社が資金調達するとき銀行から出資者の保証を要求され、中国側にその能力がないと言われると、日本の企業が単独で保証してしまうのです。この合弁会社は絶対に業績は良くなりません。なぜなら資金が不足しても日本側の会社が手立てを講じてくれるので、何の努力もしないからです。派遣された日本人の総経理が一人奮闘しても悪あがきになってしまいます。結局はこの合弁会社は倒産することになるのですが、ここで日本の出資者が未練がましく追加支援をしたら、傷口を広げてしまいます。銀行保証ができないような相手と分かったなら、その時点で独資に切り替えるか、合弁会社を解散すべきです。人の良い日本人が「はまりやすい落とし穴」です。保証して失敗した会社の話はイヤというほど耳にしました。

⑥配当と配当貨幣

利潤が出た時の配当の送金は、ドルでするのか円でするのか、配当貨幣を指定しておきましょう。中国の外貨保有高は日本を抜いて世界第一位です。外貨が潤沢にあるからといって、いつでも元を円やドルなどの外貨に交換できるかとなるとそうはいきません。合弁会社が出資した資本金ですら、一旦中国の外貨管理の下に入れば簡単には出せません。これと同様に、配当貨幣を決めておかないと元で配当されます。元のドルや円への交換は簡単にはできません。

日本のある会社は、知的財産権の裁判をしました。損害賠償金として60万元を受け取ったのはいいのですが、人民元を日本に持って帰るわけにもいきませんのでその処理に苦労していました。

話は横道にそれますが、損害賠償金を取ったのだから裁判に勝ったと思いますか？この場合、勝利したのではなく、お茶を濁されただけです。たった60万元の賠償金で、しかも違反した中国企業が再び同じことをしないという保証もとれていないからです。中国で裁判をすれば、有利な判決がとれないと申し上げた通りです。

⑦董事長と総経理の職務を明記する

董事会は合弁会社の最高議決機関であって、合弁会社に関するすべての重要な問題を解決する組織です。董事会は出資者双方から任命された複数の董事によって構成され、任期は一般的に4年で、董事の中から1名の董事長と1名の副董事長を選任します。董事会は少なくとも年一回開催され合弁会社にかかわるすべての事案の決議を行います。董事会の決議事項は董事会の全会一致事項と過半数の賛成により決定する事項に分かれています。董事会は日本式にいえば株主総会に相当し、董事長は董事会の議長で日本の組織でいう「取締役会議長（取締役会長）」にあたり合弁会社の法定代表です。董事長の職務は対外的な折衝が主なことから、中国側が就任することが多いのですが、「董事長は董事会の決議の範囲内で権限を行使する」と規定しておかないと、勝手なことをしだします。

以前、私とたびたびビジネス交渉をしたことのある中国人の董事長で、合弁会社の董事長の名義で勝手に多額の借り入れをおこない、返済不能になり刑務所に服役している者がいます。

合弁会社の日常の業務を行うのは経営管理機構です。経営管理機構は董事会の決定に基づき経営管理業務に責任を負う組織で、「総経理責任制」を取ります。総経理は合弁会社の経営に責任を持ち、対外的に合弁会社を代表し、対内的に所属員の任免を行います。

日本式に言えば、経営管理機構は取締役会に相当し、総経理は社長にあたります。総経理は日本側が担当することが多いのですが、総経理責任制を明確に規定しておかないと、責任の所在があいまいになります。中国側の副総経理が日本人の総経理をないがしろにして勝手にふるまい、経営が上手くいかなくなった日系合弁会社は非常に多いのです。一定の技術力がある合弁会社なのに経営が上手くいっていない会社はほとんどこの例です。「総経理責任制」をしっかり規定して、「経営の責任は総経理にある」と明確にしておきましょう。

私が総経理として合弁会社に派遣されたときに、中国人の副総経理に釘を刺したのは、ご紹介した通りです。

⑧ライセンス契約（技術提携契約）

ライセンス契約は技術提携契約とか技術援助契約とか技術移転契約とも呼ばれ、日本語訳では紛らわしいのですが、その内容はこちら（ライセンサー）が持っている技術資料をはじめとする知的財産を相手（ライセンシー）が使用することを認めるものです。中国人技術者やビジネスマンの中には、未だに対価を払って技術を購入するという考えの者がおりますので、「知的財産の使用を許諾するだけである」という原則を曲げてはいけません。技術を売るのではないことをはっきりとさせておく必要があります。そうしないと契約が満了したときにその技術を無断で使用されてしまいます。

ライセンス契約では双方の利害がほとんど一致しませんので、必ずと言ってよいほど交渉が難航します。利害が一致しない理由として次のことが考えられます。
イ）「カネ」にかかわる内容が多く含まれていること。ロイヤリティの金額、生産用部品の価格、生産設備の価格、技術者派遣費用などを決めなければなりません。
ロ）ライセンシーに対する制限条項が多くなり、ライセンシーが不自由を感じること。技術契約の性格上、ライセンサーとライセンシーの権利と義務を文章化するのですが、ライセンシーの行動を制限するような内容が多くなるためです。
ハ）開示する技術情報の範囲が厳密に言葉では表しにくく、線引きが難しい。たとえばライセンス契約では、研究開発にかかわる技術情報は提供しませんが、生産にかかわる技術と研究開発にかかわる技術の線引きが難しい。あるいは部品メーカーに所有権がある技術は開示できませんが、中国では部品メーカーの地位が低く自動車メーカーに従属していると考えられているため、相手が日本でも同様と考え揉めることがしばしばあります。
こうした揉め事をできるだけ少なくするには、まず言葉の定義をしっかりしておかないといけません。次に、提供する技術の範囲の線引きが難しいので、何を提供するのか具体的に一つ一つ技術資料を文章にして一覧表にします。たとえば何々部品の設計図とか外観図、組立図のように記載して、その一覧表をライセンス契約書に添付するのです。この作業には時間がかかりますが、これを地道に行っておけば後でトラブルになることが少なくなります。逆に言えば、この作業をいい加減にしておくと貴重な資料がずるずると出ていってしまうことになりかねません。

⑨ロイヤリティ

中国人ビジネスマンが最もプライドを傷つけられるのが、この技術料の支払いです。自動車産業を例にすれば、政府も海外の企業にロイヤリティという技術料を支払わなくてもよくなるような政策をとってきました。これは技術料を支払うことがいかに中国にとっては屈辱的と映るのかを表しています。日本企業は、欧米の企業に比較してロイヤリティが低いようです。これは、日本企業が「与《くみ》しやすい相手」と思われていることも関係しています。あまりに低い額に設定すると、自社だけでなく日本企業全体のレピュテーションリスクを高める（「やっぱり、日本企業はチョロいぞ」）ことになりますから、自分の会社の技術の価値を正当に評価されるように交渉すべきです。

私が中国の飛行機を作る企業と、自動車を作る技術のライセンス契約の交渉をしていた時です。彼らは飛行機を作る企業ですから、中国でもエリート中のエリートです。実際に彼らは交渉中に、飛行機は技術がなければ墜落してしまうが、自動車はそのような危険がない。自動車を作るのは飛行機を作るのに比べれば簡単だとか、飛行機は車体のセンターを基準に左右同じ重量でないといけないが、自動車の左右の重量はどのようなことを考慮して計算しているのかなど、自動車生産技術をバカにしたような発言がいたるところでありました。相手は、技術の劣る自動車メーカーに技術料など払いたくないと思っていましたし、払うとしてもほんのわずかでお茶を濁そうという算段です。実際、図面さえ提供されれば自動車など簡単にできると豪語していました。このような雰囲気の中で、相手からロイヤリティを出させなければなりません。交渉の席上で、私はイニシャルロイヤリティとしていくら、ランニングロイヤリティとして1台当たりいくらと要求しました。

それを聞いていた相手の交渉団（車体とエンジン担当で相手の交渉団は約30人）の一人が、私の話が終わるか終わらないうちに、「日本は漢字や箸を中国から持って行ったがロイヤリティは払ったのか」と質問してきました。

皆さんならどのように回答しますか？　回答次第ではこのロイヤリティ交渉が紛糾します。たとえば、「時効」などと答えれば、日本が勝手に時効制度を作ったので、中国は時効を認めていないなどと理屈にもならない理屈をこね回すことでしょう。

私は、「日本は支払いました」と答えました。相手は「どのようにいくら払ったか」と追及してきました。私は「漢字は、おもに中国が隋や唐の時代に遣隋使や遣唐使が日本に持ち帰りました。日本からの遣隋使や遣唐使は中国に来るとき、金銀財宝を持って長安の都を訪問しました。日本は金銀財宝で漢字のロイヤリティを支払ったのです」と回答しました。相手は私が回答に困るだろうと思っていたのか、私の間髪容れぬ回答に一瞬あっけにとられていました。そして次の追及の手が鈍りました。少し間を置いて相手は「それだけでは少なすぎる」と悪あがきをしました。

私はそれに対して「少ないならその時に言わないとダメでしょう。ロイヤリティは払うべきなのです。あなた方も払ってください。金額が多いか少ないかは今決めましょう」と畳みかけました。これでこの交渉はこちらのペースで進みました。

⑩導入する技術の保証

中国人の交渉者は保身のために、導入した技術で製品が作れるという保証や技術資料が正確で間違いのないものであることを求めてきます。日本と中国では生産関係を取り巻く条件が同じではありません。電力にしても、中国では停電が頻繁に起こりますし、電圧も一定ではありません。加工する材料も日本と同一の成分ではありませんので、必ず日本で生産するのと同じ品質の製品ができるとはかぎりません。さらに大きな条件の違いは、作業者の技量の違いです。私はこの要求が出てきたときには、自分の腕をたいて作業者の技量の違いを強調し、保証できないことを伝えました。交渉者の保身のための保証など、受け入れてはいけません。技術資料が正確であることの保証としては、日本で使用している技術資料と同一のものであるという表現で対応しましょう。

中国企業が導入する技術や技術資料の保証を求めてくる背景には、以前ソ連から技術を導入したときの苦い経験があるのです。当時は技術資料を重さで測り対価を支払っていました。その資料の中に重量を水増しするために石が紛れ込まされていたのです。その経験が今でもトラウマとなっているのです。中国では騙されたほうが悪いのですから文句は言えませんが、その経験はしっかりと生きています（かつて、中国が日本に輸出するマツタケの中に釘を入れて重量を水増ししていたことがありました）。

⑪技術者派遣

この条項には技術者派遣費用と派遣した技術者の安全について規定しておかなければ

なりません。派遣費用ではロイヤリティと同様に、ライセンシーは出来るだけこのような費用を負担したくありませんので、かなりの抵抗を受けます。飛行機のクラス、宿泊するホテルのクラス、相手の工場までの交通の手段と費用、1日当たりの派遣費用（アブセンスフィー）など、「カネ」に関することなので細かく規定する必要があります。これも欧米企業に比較して低いようですから、技術者の技量に見合う費用をいただきましょう。

派遣した技術者の身の安全を確保する条文も必要です。たとえば、「派遣した技術者の安全が脅かされるとライセンサーが判断したときは、ライセンサー独自の判断で技術者を帰国させることができる」というような規定を入れておくべきです。

私は天安門事件が発生したとき、重慶市と済南市に派遣していた技術者をこちらの判断で帰国させました。この時には帰国ルートまで指定しました。

⑫ライセンス契約は独占か非独占か

ライセンス契約を締結し、製造・組立・販売の許可によってライセンシーは製品を製造できるのですが、この権利をライセンシーだけに与えるのか、あるいはライセンシー以外の第三者にも与えるように考えているかで交渉は紛糾します。ライセンシーは当然のことながら独占を要求します。

私は、すべてのライセンス契約は非独占、非譲渡、非分割として契約しました。現状では政府がすべての情報を一括管理していますので、独占にしても非独占にしてもあまり意味がありませんが、原則は原則です。将来どのような変化があるか分かりませんので、こちらが有利な条件にしておいたのです。独占、非独占の記載がないとき、中国では独占と解釈される危険があります。

⑬契約言語

合弁契約やライセンス契約での契約言語の条項では、「本契約は日中両国語で作成される。両国語の契約書は、同等の効力を有する」としておきましょう。条文の解釈に疑義が生じた時でも日本語の文章の意味はこうですよと主張でき、理解を得るための話し合いができますので、仲裁に持ち込まれるまえに解決が可能です。

出資金が中国側総経理の高級車に

項目を並べただけではイメージがしにくいかも知れませんので、ここでいい加減な契約といい加減な対応によって自ら墓穴を掘った会社の事例をご紹介します。

静岡県のある理容業者が北京に合弁会社を設立するとのことで、上海にある静岡県の出先機関から「契約書を見てほしい」と依頼されたことがありました。

その契約書を読んであきれてしまいました。ほとんど契約書の体裁になっておらず、その内容も一方的に中国側に有利なものでした。

契約書には、以下のような文言が並んでいました。

・日本側が1000万円の出資をする。中国の出資者は中国の理容業界の情報を提供することで出資の代わりとする（中国ではこれを無形資産という）
・出資比率は中国側60％で、日本側40％とする
・董事長は日本側が担当し、総経理は中国側が担当する

要するに、「中国側は1円も出さず、日本のカネで好き勝手やらせてもらうよ」という中国側の意図がみえみえの内容でした。私が「これでは駄目だ」と訂正するようにア

ドバイスすると、「すでにこの条件で合意しているから変更しない」との返事が返ってきたので匙をなげました。日本側の出資金1000万円は、払い込みから2～3か月後には総経理専用の高級車に化けていることでしょう。知り合いの中国人弁護士に相談したら、「資本金より弁護士費用のほうが高いですよ。これしきの金額で済んだのならまだ幸いです」と問題にもされませんでした。

日本の部品メーカーA社が、四川省に合弁会社Bを設立しました。私が総経理をしていた合弁会社は、この合弁会社Bから部品を購入していました。

ある日、日本の部品メーカーA社の幹部が私のところに来ました。「合弁会社Bがうまくいっていないので、別の場所にA社の独資の会社を設立する。ついてはそちらから部品を購入してほしい」という申し出でした。

彼に「合弁会社Bはどうするのですか?」と質問すると、「そのまま放っておく」との返事でした。たとえ経営がうまく行っていなくても、合弁会社Bをどうするのか中国側出資者ときちんと話し合った後に独資の会社を作るべきでは、と危惧していると、案の定、部品メーカーA社が独資で部品製造会社を作る計画が漏れてしまい、合弁会社Bを清算するのに大きなトラブルが発生しました。合弁契約をしっかり結んでいて、解散事由に該当する事態となれば、董事会を開いて堂々と解散決議をすればよいのです。相手に内密にこそこそするから問題がこじれて修復できなくなってしまうのです。

中国のビジネスでは、このようなトラブルは日常茶飯事です。一番悲惨なケースでは、いい加減な対応をした負い目から、中国に設立した会社を乗っ取られてしまっただけでなく、日本の本社までとられてしまった例もあるのです。

中国の事情を知らないで、「みんなが中国に進出したから」などの主体性のない理由で、急いで中国に工場を建てた経営者は、契約内容がお粗末でほとんど失敗に終わっていることを肝に銘じておいてください。

「すみません」と言ったら「負け」

日本人は美しい心根を持った民族だと思います。争いを好まず、他人を思いやり、強い自己主張を避け、周りとうまく協調しようとします。言い訳をすることを潔しとはしません。「すみません」という言葉は日本人の気質を端的にあらわした表現だと思いますが、中国人が聞くと、「どうして日本人は謝ってばかりいるのだろう」と不思議に思うようです。中国にも「すみません」という言葉が一応ありますが、しばらく使われていないうちに、いわば死語と化していました。

中国のある地方の会社を訪問したときの事です。我々の一行6名がソファーに座り、その会社の幹部と商談をしていると、女性が飲み物を運んで来てくれました。彼女が、お盆に載せた飲み物のコップの一つを渡そうと腰をかがめた時、お盆の上に載っていた他のコップが滑り落ちてしまいました。それらのコップは、正面に座っていた我々訪問団の団長の太腿の上に落ち、ズボンがびしょ濡れになりました。

そのとき、彼女は何と言ったと思いますか？

当然、「すみません」とは言いませんでした。「すみません」の代わりに「私が悪いのではありません。足元の絨毯が少しずれて高くなっていました。それに足がかかりつまずいて、コップがずれてこぼれたのです。床を掃除する係が悪いのです」と、スラスラと言い訳をしたのです。

中国では、彼女の対応が正しいのです。日本人であれば開口一番「すみません」と言ったことでしょうが、中国人の「すみません」は「責任を取ります」と同義語ですから簡単には口に出せないのです。

「自己主張できなくなったので日本に永住します」

スズキで、ある中国人を採用しました。当時の中国は家族全員で出国することを認めておりませんでしたので、人質を残すような形で最初の3年間は単身赴任、その後子供を祖父母に預けて奥さんが来日し、彼が来てから7年目に子供さんも来日しました。

ある日、私は彼の奥さんに、「将来の身の振り方をどうするのか」と聞いてみました。彼女は「家族で話し合っているところです」と言っていました。彼が来日してから15年経過した頃、家族全員が日本での永住権を得ていましたが、日本に骨を埋めるのかどうかで、家族の意見が合わなくなっていたのです。子供さんは日本の国籍を取得して永住したいという意見で、逆に奥さんは中国に帰りたい気持ちが強く、旦那さんは優柔不断でしっかりとした意見を持っていませんでした。

この質問をしてから1年後、私は再度彼女に「結論が出たか」と聞いてみました。

彼女の答えは、「日本に永住する」でした。その理由がふるっています。彼女はこう答えました。

「日本に永住を決めた理由は、夫のためです。夫は日本の生活が長く、日本に暮らしているうちに自己主張ができなくなってしまいました。もし自己主張できない夫を中国に連れて帰れば、彼に死ねということと一緒です」

日本人にとっては笑い話で済みますが、中国人にとっては死活問題です。彼らの自己主張が強いのは性格が悪いからではなく、生活が懸かっているからなのです。

中国ビジネスに向いているのは「関西人」

日本人は交渉が下手だとよく言われます。その原因として、

①理念を打ち出さないで、いきなり条件交渉から入ってしまう。
②「和をもって貴しとなす」という観念があり、侃侃諤諤の議論を好まない。
③相手や周りに気を使ってしまい、自己主張が弱くなる。
④儲けることに貪欲でない。「儲けることは悪」と考える傾向すらある。
⑤中国との交渉については特に相手のタフさや雄弁さに、早く譲歩して決めてしまいたいという一種の「あきらめムード」が漂っている。

などが挙げられます。

交渉下手の原因は、日本人の性格に大いに関係しています。

我々は普通、交渉のテーブルについたら、必ず交渉を纏めようとします。交渉に取り組む姿勢が非常に真面目です。自分たちが納得できるまで交渉を纏めようとせず、決裂も辞さない中国人とは大変な違いです。

日本人は、「交渉とは、お互いが譲歩して最終結論に達すること」だとみなし、ＷＩＮ―ＷＩＮの関係がベストだと考えています。それが先進国の円熟した大人の対応だと信じていますので、かなり大幅な譲歩をしても痛みを感じません。中国人ビジネスマンはＷＩＮ―ＷＩＮの関係など考えません。すべてのＷＩＮが自分サイドに来るように交渉してきます。譲歩を前提とした人間と相手に譲歩させることを考えている人間が交渉した場合の結果は、中国語で「明明白白」と言います。

第六章で詳しく述べますが、中国との交渉で最も必要なことは、「まず日本人を捨てること」です。日本人を捨てることができないビジネスマンは、中国とのビジネスをする資格がありません。

私の経験から言えば、中国との交渉は関西人がすべきです。彼らは中国人に負けないくらい大きな声で話します。中国人と同じように交渉や自己主張が得意で、「なんぼや」

と値切ることを楽しんでいます。オレオレ詐欺にも簡単にはひっかかりません。要するに他人をなかなか信用しないということですが、この性格が中国ビジネスには必要なのです。

中国ビジネスでものを言うのは、経験と年齢です。中国には今なお年長者を敬うという観念が残っておりますので、年配で、ビジネスの経験年数が長く、相手の変化に対応できる経験豊富なビジネスマンが望ましいのです。

やたらに権威をありがたがる日本人

日本人は権威に弱い民族です。位の高い人が所属していたり、その名前がグループの名簿に入っていたりすれば、それだけでそのグループを信用してしまう傾向があります。私が総経理を務めていた長安鈴木には、日本からの見学者がたくさんお見えになりました。日本企業としては比較的早く合弁会社を設立し、それなりの実績を作ってもいましたので、訪問先に選ばれていたのだろうと思います。

こうした訪問団の皆さんに共通していたのは、「おとといは〇〇市の筆頭副市長に会いました。気さくに名刺を交換してくれました」「昨日は〇〇市の市長さんに会いました。市長自ら歓迎会を開いてくれました」などと、市のトップに会えたことを特別待遇と勘違いして自慢することです。彼らは、市長の業務のなかに「外国の訪問団と会うこと」が入っていることを知らないのです。中国のどこの都市の市長でも、外国の訪問団が来たら必ず会います。それは外国からの企業を誘致して、実績を上げ出世をするためです。

市長が時間的に調整がつかないときは副市長が出てきます。そして、その副市長についてはたいてい、こんな解説が付きます。「今日皆さんにお会いする副市長は、次期市長最有力の副市長です」。通訳からそう説明されると、皆その説明を鵜呑みにしてしまうのです。彼が市長になるかならないかは共産党の指導部が決めることで、通訳の説明など全く信用できないにもかかわらず、訪問団は「力のある人が会ってくれるのだ」と気分を良くしてしまいます。

この時点で、市長や副市長が外国の訪問団に会った目的は達成されました。なぜなら、彼らは外国からの企業を誘致して市に税金が入るようにしたり、雇用を確保したりすることが仕事だからです。実際に企業が進出して税収が増えたり、雇用が確保できたりすれば、それは市長や副市長の実績になり、彼らの出世の役に立つことになります。

あるとき、ＪＥＴＲＯ代表団五十数名が長安鈴木を訪問されました。メンバーは東証一部上場企業の経営者たちで、大手の新聞社２社の中国駐在記者も随行していました。私はこの人たちをお迎えし、一人ひとりと名刺交換をしましたが、半数以上の方がニコニコしながら、「北京では首相にお会いしました。○○市では市長に晩餐会を開催していただきました」とおっしゃっていました。それがあまりにも続くので、歓迎の挨拶をしたときに、こう言ってしまいました。

「皆さんは北京で首相にお会いしたとか、○○市で市長に晩餐会を催してもらったとか言われましたが、これらの要人にお目にかかれたことと、皆さんの仕事の間にどんな関係がありますか」

ニコニコしていた代表団の方々の顔から笑いが消え、会場がシーンとなりました。私は一瞬「しまった」と思いましたが、口から出てしまった言葉は取り返しがつきません。私は日本を代表する企業の経営者が、自分たちのビジネスとは何の関係もない中国の要人に会えたぐらいで舞い上がっている姿を見て、本当に失望したのです。そこで、発言の意味を説明しないといけないと思い次のように言いました。

「私はいくつかの都市で合弁会社の設立にかかわってきました。それぞれの市長さんから『合弁会社を歓迎する。何か困ったことがあったら相談に来なさい』との熱烈な言葉をいただいたのですが、実際に相談に行っても『民間企業同士で解決してください』とか『関係部門に行ってください』とか言われ、落胆したことを経験しているからです」

これを聞いていた代表団の方たちは、さすがに私が言おうとしたことをすぐに理解してくれたようで、柔和な表情にもどりました。「釣った魚に餌はやらない」という言い方がありますが、こうした例は結構あるのです。

代表団が帰国されてから数日後に、代表団の団長をされていた方から直筆のお礼の手紙を受け取りました。その手紙には「単なる歓迎の挨拶に終わらず、よく現実を話してくれました。今後も機会があるたびに紹介すべきです」と書かれてありました。

交渉のためには「はったり」を

ビジネス交渉はネゴシエイター同士の一種の戦争です。どれだけ多くの有利な条件を獲得できたかで勝敗が決まります。勝利を得るためには相手の主張に反論し、手厳しい攻撃もしなければなりません。日本人ビジネスマンは真面目ですので「はったり」をかけるのが苦手ですが、中国人との交渉には「はったり」が絶対に必要です。

私はこれまで多くの中国人ビジネスマンと交渉をしてきましたが、交渉相手の中国人ビジネスマンは皆博識です。政治に関すること以外は、こちらの質問にすべて答えてくれ、決して「知らない」と言いません。だれでも同じですが、多くの分野に精通してい て、自分よりも多くのことを知っている人を見ると尊敬したくなります。しかし、彼らがどんな質問にも答えるのは面子が働いていることと「はったり」が理由で、その分野の知識を本当に有しているとは限りません。知らないことでもさも知っているように話している場合がかなりあります。

実は、私も「はったり」をかまして交渉し、結構効果的なことがありました。中国でのビジネス交渉では、本格的な交渉に入る前に必ず歓迎夕食会が開かれます。関係者全員が集まるこの席で、「はったり」をかけて自分自身を大きく見せたり、知識の広さをそれとなく見せたりするのです。

よくやっていたのは、第一章で紹介した高島俊男著『漢字と日本人』の内容を自分なりに斟酌して、漢語（中国語）のご本家に漢語の知識をひけらかして見せることでした。こんな感じです。

「皆さん、玄宗皇帝の后になった楊貴妃を知っていますよね。というより玄宗皇帝が息子の妻であった楊貴妃を彼から奪ってしまったのですが、それはともかく、私は楊貴妃と話ができますが、皆さんはできますか？」

　この日本人は何をたわけたことを言っているのかと、中国人は真剣には聞いてくれませんし、馬鹿にしたような態度です。そこで次のように続けます。

「今、あなたたちが話している言葉は、学問的には現代漢語と言います。当然知っていますよね？　それより前に話されていた言葉は中世漢語と言います。さらに時代を遡り、中国の歴史でいうと南北朝、隋、唐の時代の言葉、楊貴妃が話していた言葉は中古漢語と言うのです。それより前の言葉は上古漢語と言います」

　自分たちの話している言葉の歴史ですから、「知らなかった」とは認めにくいけれど、多くの中国人ビジネスマンにとっては初めて聞く話のはずです。半信半疑でも私の話を聞かざるを得なくなります。そこで、こうたたみかけます。

「日本には漢字の読み方に音読みと訓読みがあります。音読みの多くは隋、唐の時代、日本では奈良、平安時代ですが遣隋使や遣唐使たちによって持ち込まれた読み方です。訓読みは漢字が日本に入ってきたとき、元々あった日本語をそれにふさわしい漢字に日本人が勝手にくっつけた読み方です。そうすると、音読みはその当時、すなわち隋、唐の人たちが話していた漢語の発音ということになります。実は今でも日本には、ゆがんだ形ではありますが、漢字音が日本に入ってきた当時のまま残っています（音読みでフ、ツ、ク、チ、キで終わる漢字）。日本人がどのようにゆがめて発音して今日に至ったかは学術的に解明され分かっているのですから、その知識によって修正を加えれば、楊貴妃の時代に戻ることができるのです」

ここまで話を進めると、「この先はどうなるのか」と興味を持ち始めます。

「例えば、「急」という漢字を日本では音読みで「キュー」と発音します。唐の時代の中国では「kip」と発音していました。なぜわかるか説明すると、「kip」の日本での発音は次のような法則に基づいて変化しました。日本人は「kip」の「p」の発音が苦手でしたので、これに「u」をつけて「kipu（キプ）」と発音しました。

実は明治の時代に英語が日本に入ってきたときにも日本人は同じことをしました。「stop」の「p」の発音が苦手で、これに「u」をつけて「ストップ」と発音したのと同じです。

「kipu」は奈良、平安ごろから「p」が「f」の音になって「kifu（キフ）」となり、時代がさらに下って「f」が脱落して「kiu（キウ）」となり、その後これが長音化して

「kyū（キュー）」になりました。実際には「キュー」「キウ」「キフ」「キプ」とこの変化の法則を遡れば、隋、唐の時代の発音にたどり着きます。ですから楊貴妃と会話できるといったのです。

いま中国で話されている現代漢語には、楊貴妃の時代に語尾に付いていたp、t、kの音がありません。千数百年の間に全部脱落してしまいました。たとえば「急」の「kip」は「p」が脱落して「ki」「キ」になりさらにその後「k」が「j」に代わりました。ですから中国での「急」の今の発音は「ji（チー）」となったわけです」

こう話した時には、彼らが動揺しているのが肌で感じられました。

日本人ビジネスマンは、こう見られている

中国人の友人が、「ある会合で、気分のよくない会話を耳にした」と私に話してくれました。友人が会合で聞いたのは、日本人ビジネスマンに対する中国人ビジネスマンの評価でした。「日本人ビジネスマンはこちらの言うことを疑わないから騙すのは簡単」というのが、その場の評価でした。

友人が会合で聞いた内容をもとに、中国人ビジネスマンの対日本人ビジネスマン交渉

戦術を箇条書きにすると、以下のようになります。

①最初の要求には利益を大幅に乗せておく（中国では「水分をたっぷり含ませる」といいます）。

②交渉になったら、中国側の要求の正当性を時間をかけて説明する。繰り返し、繰り返し説明して、日本側を疲れさせる。

③相手を疲れさせることが最初の目的であるが、疲れてきたところを見計らって、少々の譲歩をする。そして日本側にも譲歩させる。

④再度、中国側の要求の正当性を、時間をかけて主張して、日本側を一層疲れさせる。

⑤日本側がさらに疲れたところで、中国側が再度譲歩する。当然日本側にも譲歩させる。この二回の譲歩で、大多数の日本人ビジネスマンは納得する。なぜなら日本人ビジネスマンは、我々の利益幅が自分たちと同じ程度だと判断していて、こちらの要求は水分をたっぷり含んでいることを知らないから、二度にわたる譲歩は我々の誠意と勘違いする。

⑥二回の譲歩は初めから計画された行動だが、日本人ビジネスマンは疑うことを知ら

ないから気づかない。

⑦これでも納得しない骨のある日本人ビジネスマンには歴史問題をぶつける。これでも抵抗できる日本人ビジネスマンはいない。

正直に言って、この中国人ビジネスマンたちによる日本人ビジネスマン観察はかなり正しい。確かに、日本人ビジネスマンは見積りや要求に大きな利益幅（ゆずりしろ）を乗せていません。水分を多くして要求することは失礼と考えがちなのです。

毛沢東は「敵が疲れたら攻めよ」と教えたそうですが、ビジネス交渉も一種の戦争だと仮定すれば、中国人ビジネスマンのやり方は極めて考え抜かれたものと言えます。このような中国人ビジネスマンの戦術に対抗策を持ち合わせていない、誠意一本の日本人ビジネスマンが交渉で不利な状況に陥るのは当然のなりゆきということができます。

カラオケ店で見た「えげつなさ」

日本人ビジネスマンは、きれいごとを言いすぎる傾向にあります。お金を儲けることは悪ではないのですから、50円儲けるより１００円儲けるほうが良いに決まっています。

せっかく100円儲けることができる機会に遭遇しても、「相手のことを考慮して」とか「日中友好のために」とか「長期戦略に基づいて」などと恰好をつけているから、中国ビジネスで儲けられないのです。

日本人ビジネスマンと中国人ビジネスマンのお金に対する考え方がいかに違うか。ちょっとビジネスの観点から離れ、ここ20年で隆盛を極めるようになったカラオケ店を巡るエピソードから、ご説明したいと思います。少々下品な話ですが、下品であるだけに中国人の本音が露呈しています。

私が最初に北京のカラオケ店に入ったのは1986年です。東単公園近くの民家を改造した店でした。表通りから狭い通路のような道を入って進み、民家の脇を通って店に行きました。お酒を販売するカラオケ店はまだ認められていませんでしたので、正確には非合法でした。どこから仕入れたのか分かりませんが、店には日本製の中古のカラオケ設備がありました。レコードの枚数は少なく曲目も限られていましたが、北京の街で日本の歌を歌えるのは魅力的でした。非合法のカラオケ店で非合法の酒類をのみながら日本の歌を歌うのですから、何とも言えない緊張感がありました。

90年代に入ると、合法的なカラオケ店が現れてきました。大抵はホテルの一角を借りての営業です。合法になり、店では女性が働き始めていました。彼女たちは、お客さんに酒を給仕したり会話をしたりはするのですが、一緒になって歌うことはしませんでした。「共産中国だな」と感じたのは、彼女たちが男性客の隣には決して座らなかったことです。当局のお達しで、お客さんの前に座るように指導されていたのです。

この時の彼女たちの給料は飲酒代の中に含まれていて、チップ制ではありませんでした。曲目は以前と比べれば大幅に増えていて、その中には軍歌も含まれていました。北京の真ん中で日本の軍歌を歌うのは不思議な体験でした。

中国の資本主義が進むと、カラオケ店のサービスも変わっていきました。90年代中ごろには、女性がお客の隣に座るようになりました。後半にはチップ制がとられるようになりました。当然、チップを貰いたい女性たちのお客に対するサービスも、徐々に濃厚になってきました。とはいっても、この頃のサービスは、女性が客と一緒に歌ったり踊ったり、多少のおさわりは許されるという程度でした。

カラオケ店で働く女性は美人揃いでした。容姿端麗な女性がカラオケ店で働き、そうでない子は小さな民営の食堂やマッサージ店で働く、という構図が鮮明でした。

カラオケ店が乱立し、競争が激しくなると、女性のサービスはどんどん濃厚なものになっていきました。身に付けている服装も、スリットが太腿のあたりまで切れ込んでいるチャイナドレスなどが一般的になりました。

カラオケ店は最初、外国人向けの遊び場でしたが、2000年代に入ると中国人が集まるカラオケ店も多くなってきました。外国人が行っても問題はないのですが、言葉が通じないと面白くありませんので、自然と日本人が行く店と中国人が集まる店とに分かれていきました。

カラオケ店に行く中国人は金持ちです。彼らは女性に300元のチップを渡していました。このチップの価格は瞬く間に日本人が行くカラオケ店に伝わり、こちらで働く女性からも300元のチップが要求されるようになりました。鼻の下を伸ばした日本の男たちは、文句を言いながらも彼女たちの要求を呑んでいました。

私は長い間、中国人の行くカラオケ店には行ったことがなかったのですが、ある日、中国人の友人に彼らが行きつけのカラオケ店に案内してもらいました。

店に入って席に着くと、店のママさんが一言二言挨拶をしながらにこやかに入ってきました。そしていきなり、上着の前をはだけて乳房を出し、お客一人一人の顔に乳房を押し付けてハグをしていくのです。この店では、乳房のハグが歓迎の挨拶なのです。もちろんママさんは、脱ぐのに邪魔なブラジャーなどつけていません。ここで最初のびっくりです。

次に女性たちが入ってきました。その中から気に入った相手を選ぶのは日本式のカラオケ店と同じですが、女性を選んだあとがまたびっくりです。

指名された女性たちは残り、それ以外の女性たちは退席しました。指名された女性たちは、ママさんに急かされて、スカートをたくし上げ、下着を膝までおろし、スカートを腰のところに上げたまま、お客の前でくるりと一回転したのです。

ママさんは、「この子たちでＯＫか」と聞いてきました。友人の一人がノーを出しました。ノーを出された女性は悲しそうに下を向いたまま部屋から出ていきました。

友人は、控えの部屋で待機している女性たちの中から気に入った子を連れてきて最初からやり直しです。彼は遊びなれているせいか、女性を換えることを楽しんでいるようでした。私はノーを出した友人に、「女性がかわいそうではないのか」と非難しましたが、彼は「３００元のチップを支払うのだから当然だ」と、全く悪びれる様子もありません。ハナからこれだけのサービスをする店ですから、その後の展開は皆さんのご想像にお任せします。

日本式のカラオケ店では、２００元のチップが３００元になってもサービスの質は変わらず、客がおさわりをする程度です。一方、中国人の行く店では、さわりのところだけ紹介しましたが、お客の方が「３００元を払うに値するサービス」を要求するわけです。実はこの厳しさの差というか、えげつなさの差が、ビジネスの世界にもあるように感じています。

第三章　中国ビジネスに潜むこれだけのリスク

改革開放政策に対する勘違い

「犬も歩けば棒に当たる」ということわざがありますが、それをもじって中国に当てはめると、「日本人が歩けばリスクに当たる」といったところでしょうか。十分な調査もせずに、「国内が不況だから」「中国は大きな市場だから」などと漠然とした理由で進出した企業は、リスクという棒であちらこちらで叩かれる羽目になります。

1978年、中国政府は「改革開放」政策を打ち出しました。それまでの共産主義による経済の行き詰まりを、資本主義的な手法によって打破しようと考えたのです。

中国の狙いは、「四つの近代化」のための改革開放です。すなわち、農業、工業、国防、科学技術の4分野を発展させるために、政策を改革し市場を開放するという狙いで、あくまで「中国のための改革開放政策」でした。

ところが、「改革開放」という言葉を受け取った外国企業、特に日本企業は、これを「自分たちのために市場が開放されたのだ。巨大な中国市場にビジネスチャンスが生まれるのだ」と受け取りました。この政策を打ち出した鄧小平が、「白い猫でも黒い猫でも、ネズミを捕る猫がいい猫だ」という有名な「白猫黒猫論」を提唱したこともあって、「中国には誰が出て行ってどんなビジネスを展開しても良い」と思い込み、改革開放政策がもともと「中国のため」であることを忘れがちだったのです。

この時期、保守派の指導者だった陳雲は、鄧小平の「白猫黒猫論」に対して「鳥籠論」を主張しました。「中国の改革開放は、何もかもすべてを開放するのではなく、あくまで鳥の籠の中の自由であるべきだ」と主張したのです。中国共産党政府の認める範囲での自由である、というわけです。鄧小平の「白猫黒猫論」もあくまで「中国のための改革開放」を目指していたので、二人の指導者の主張は矛盾するものではなく「程度問題」に過ぎませんでしたが、日本のメディアは鄧小平の「白猫黒猫論」ばかりを大いにもてはやしましたので、経済界は中国市場に大きな期待を抱きました。

中国への進出は欧米企業が先陣を切っています。欧米企業の成功のニュースが頻繁に伝えられたことで、日本企業に焦りが生まれました。そうした状況の中、「市場を獲得するか否かは外国の企業次第。早く進出しなければ市場を失ってしまう」と中国政府が意図的に外国企業を煽るような見解を発表すると、日本企業は見事に共産党の意図にのせられてしまいました。本当に労働力が安いのだろうか、市場はあるのだろうか、自分たちのビジネスは改革開放政策に合致しているのだろうかなど、数々のリスクを大して調査もせず、我先にと中国への進出を始めたのです。

カントリーリスクの高い国

事業を行うときには、必ずリスクがあります。海外で事業を展開するときは、国内とは違ってリスクの度合いは高くなります。

リスクは一般的に、カントリーリスクとコマーシャルリスクに分けられます。カントリーリスクは、その国の政権の不安定さや特定の外国との敵対関係から発生する政治のリスク、経済基盤の状況や経済的安定度を反映する為替のリスク、物価の急激な高騰などのインフレのリスク、法律の変更によるビジネス環境変化のリスクなどで、我々のような一進出企業の力量で解決できるような問題ではありません。

中国の経済は政治と一体で動いていますので、政治の意向で如何様にも変わりますし、政治が経済に口出しするのは日常的です。政経不分離ですから、カントリーリスクはてんこ盛り状態です。中国では、リスクという「棒」を避けて歩く（事業活動する）ことは不可能です。太い棒の場合もありますし、細い棒の場合もありますが、必ず棒に当たることだけは確かです。

「代金不払い」の常套手段

一方、コマーシャルリスクはそのプロジェクトに起因するリスクで、対処方法によっては、ある程度コントロール可能です。

中国でビジネスを行うとき、必ずと言ってよいほど経験するコマーシャルリスクは代金の不払いです。中国系企業に部品を販売するとしましょう。最初の一～二回の取引では、彼らは全額現金で支払ってくれます。しかし、取引が進んでいくと、分割払いを要求してきます。そして、だんだん支払いが滞るようになり、最終的には代金を回収できなくなるケースが多いのです。

怒った日本企業が「もうお前には部品を売らない！」と取引を打ち切ったとしても、中国系企業は、よその部品メーカーから部品を購入できますから、仮に一つの会社に不義理をしたところで痛くもかゆくもありません。「外組織」に対する振る舞いとして考えれば、関係を切ると決めた相手に対する最後の支払いを行わないのは当然のことなのです。技術力の大して必要ない、一般的な部品の取引ではよく起こっています。

中国系の企業に機械を販売するときにも、日常的に行われている不払いがあります。機械のような高額の商品では、はじめから分割払いで契約されます。最後の支払いは、機械が据えつけられ、機能が確認され、検収が終了したときに支払う契約になっているのですが、中国系企業は常套手段として、機械の検収をなかなか終わりにしないのです。終わりにしないというより、意図的に難癖を付けて終わらせないのです。こうやって、検収後に支払うはずの残りの代金をいつまでも払わずに済ませるわけです。

私は自動車の生産販売会社の総経理でしたが、中国のこうしたコマーシャルリスクに気付いていたので、販売店に車を出荷するときは現金と引き換えにしていました。ただ、これは自動車の生産販売会社という我々の立場が強いからこそできたことです。

「反日政策」という中国独特のリスク

政治は国内の問題から人民の目をそらせるために、あるいは政治の目的を達成するために、しばしば外に敵を求めます。中国の場合、その敵を日本にすれば、反日教育を受けた人民の支持も得られ、国内が簡単に一致団結できます。

共産党は、日本と中国の利害関係が一致しないとき、反日デモを行ったり、日系企業に押しかけて操業を妨害したり、投石をしたりして嫌がらせを行ったりします（もちろん、彼らが直接手を出すわけではありません）。時には日本製品不買運動にまで発展させます。中国政府が必要と判断したとき、必要と判断した期間で、必要と判断した激しさで人民が反日行動を繰り返してくれれば、共産党には好都合なのです。

共産党は時に、政治的な目的を達成する手段としても経済を利用します。日本に対してレアアースの輸出量を制限したり、価格を吊りあげたりしているのはご承知の通りです。尖閣諸島での中国漁船の体当たり事件が発生した際には、フジタの社員4人が河北省で拘束され、政治取引の道具にされました。

逆に、発展途上国に対しては経済援助を行い、中国の政治的な立場を支持してもらうように働きかけたりもします。アフリカ諸国に資金援助したり、太平洋の島国に港の建設や道路の敷設の支援をしたりしているのは、すべて自分たちの味方になってもらうためです。一説には、日本の中国に対するＯＤＡがアフリカ諸国の支援に回っていたという噂も流れていましたが、そのような噂が流れてもなお、人の良い日本政府は中国へのODAを止めませんでした。

ちなみに中国では、労働者や市民が自分たちの主張を公にしたり、要求を実現させたりするためにデモを行うことは禁止されています。そのデモが堂々と行われるのですから、これは関係当局のお墨付きを得た（というより、関係当局が積極的に望んだ）「政治行動」と考えるべきでしょう。

やや余談めきますが、スズキの製品を中国の企業にライセンス生産させることになり、契約交渉をしていた時、こんなことがありました。当方が、契約書に「不可抗力（義務の不履行により他の当事者に損害を与えた場合でも責任を問われない事由）条項」として、ストライキ、デモ、火災、戦争、内乱などを挙げておいたのですが、中国側は「ストライキとデモは削除してくれ」と要求してきました。その理由がふるっています。「中国にはストライキやデモは存在しない。存在しない事由を書いておくと契約書の批准が得られない」というものでした。１９８０年代、日中関係は穏やかで、今のような反日デモなど予想できなかったこともあり、契約書の批准を得るため相手の要求通り「不可抗力条項」から削除しました。

「反日無罪」で加害者にお咎めなし

２００５年に反日デモが行われたとき、私は北京に駐在していました。事務所が入っていた商業ビルが投石にあいました。１階に事務所を構えていた日本航空と東京三菱銀行（当時）は投石の被害にあいましたが、我が社の事務所は５階にありましたので、投げた石は届きませんでした。このときのデモ参加者の中には、動員された学生とそれを引率していた先生が含まれていたことが後で報道され、当局の指示によってデモが行われていたことが明確になりました。

最近の尖閣の国有化に反対するデモでは、由々しき問題が出てきました。「反日無罪」という言葉の出現です。投石をして、器物を破損しても反日目的であれば無罪になる、ということです。たまたまデモのそばを通りかかった日本人が暴力を受けて怪我をしたとしても、「反日無罪」ですから加害者はお咎めなしになってしまいます。「反日」なら何をしてもいいという風潮は、無法者を英雄に変えてしまいます。こんなことがまかり通れば、そのうちにその矛先は私たちの側に直接向かってくるかもしれません。この風潮は明らかに、反日教育の影響によるものです。

私は自分自身の経験から、中国の反日教育に非常に強い危惧を抱いています。私は小学生のとき、3年生全員で「戦場のなでしこ」という映画を見させられました。この映画は、ソ連の参戦で満州に取り残された従軍看護婦が、ソ連の兵隊に辱めを受けるという内容です。いま考えると小学生に見せるのはどうかと思うような内容でしたが、効果はてきめんで、私はそれ以来すっかりソ連嫌いになってしまいました。

中国の小学生が受けている反日教育は、私が見た映画のような一度限りのものではなく、継続的、かつ内容も激しいものです。中国の若い世代が反日に傾くのは無理からぬことなのかも知れません。

なぜ日本を集中的に攻撃するのか

今や、中国の敵は日本一国になってしまいました。中国を植民地化し「敵」とみなされていた欧米列強は、中国の敵ではなくなりました。「超大国」のアメリカは敵にするには強すぎる相手。かつては共産党同士が犬猿の仲であったロシアは、エネルギー協力などで良好な関係を保たなければならない相手。欧州各国に対しては、巨大な中国市場という武器を使って、言論封殺や少数民族に対する弾圧などへの批判を封じ込めることに成功しました。体制の違う韓国とは「反日」で共闘を組むことができました。残るのは日本だけです。

では、なぜ中国は日本ばかりを標的にして、国際社会の常識では考えにくい行動をとったりするのでしょうか。

一番の理由は間違いなく、日本がもっとも「与しやすい相手」だからです。中国の言い分に強硬な反論をするのでもなく、むしろ曖昧な態度で中国の機嫌を損ねないような態度をずっととり続けてきたからです。「いや、そんなことはない」と仰る方もいるかも知れませんが、少なくとも中国側がそう見ていたのは確かです。

また、中国人のなかには、「日本は中国文化を吸収し、その影響を受けて発展した国なのだから、中国の意向を受け入れるのが当然だ」という、一種の中華思想が潜んでいます。その中華思想に基づけば、中国の意向を汲まずに自由に動き回っている日本は、自分たちのいうことを聞かない国、中国の面子をことごとく潰す国、鼻持ちならない恥知らずの国、となるのです。

中国は、世界の四大文明のひとつの黄河文明を擁した国です。中国が持っていた文化は、周りの国々に伝播していき、それらの国の発展に影響を与えたという自負が中国人にはあります。だから中国を取り巻く国々は中国に感謝をし、中国のいうことに従うべきだと心のどこかで思っています。

70年代末の中越戦争の際、中国は、カンボジアに侵攻したベトナムを「懲らしめる」という理由でベトナムに侵攻しました。この「懲らしめる」という表現に、ベトナムは中国の冊封国なのだから中国の意向を聞くべきだという中国人の心根がよく表れています。

日本も中国人の意識の中では冊封国ですが、独自の文化を発展させました。日本は中国が植民地主義列強に搾取されている間にも力を蓄え、当の中国（清国）を戦争で破るまでに力をつけました。それだけでも気にくわないのに、決定的なことに、日本は中国に侵略までしたのです。

さらに中国が日本を敵にする理由の中に、日本に対するやっかみ、ひがみ、コンプレックスがあります。為政者や知識人は、中国の経済が発展した今日でも、科学技術分野の競争力も、ノーベル賞受賞者の数も、生産技術の革新も、日本との間にまだまだ歴然とした差があることに気付いています。そして、それが我慢できないのです。最近、中国が科学分野で世界をリードすることを目指すと言い始めたのは、こうした意識も関係しています。

中国はかつて、「共産主義的手法が正しいことを証明する」との目的で、あらゆる分野で日本との比較を試みたことがあります。結局、あまり有利な結果にならなかったので、「国土が狭く、人口が少ない日本と比較しても意味がない」との理由をつけて、公表するのをやめてしまいました。代わりに人口や国土の規模が似ているインドと比較して、自分たちの優位性を宣伝したものです。

文化の中心は紛れもなく文字です。ロイヤリティ交渉で「日本は漢字のロイヤリティを払ったか」という突飛な反論を受けたことを紹介しましたが、それはただ単にロイヤリティを払いたくないということだけでなく、中国文化の代表的な漢字を使って発展した日本への彼らの割り切れない心根の表れということもできます。中国が漢字にどれだけ固執しているかは、彼らが漢字以外の文字を使わないことでも明らかです。彼らは白人の名前も、都市の名前も、自動車部品の名前もすべて漢字で表記します（ちなみに自動車のカムシャフトは「凸凹軸」と表記します）。

中国自動車産業の展開

ここまで、一般的な事例で中国ビジネスのリスクを説明してきましたが、ここからは、実際に私が関わった自動車産業のケースを微細に見ていくことで、中国ビジネスのリスクを説明します。

自動車産業はいまや、中国でも基幹産業の一つになりましたが、これまでの自動車産業の展開を振り返ると、「いつの間にか、外国の自動車メーカーの犠牲によって、中国がもともと希望していたような状況に落とし込まれてしまった」という感が拭えません。これを理解していただくために、まず中国政府の自動車産業政策を説明します。

改革開放政策は1978年に出されましたが、それ以前の中国の自動車産業は、ソ連からの技術援助によるトラックやバスの生産が中心に置かれており、乗用車は生産台数も車種もごくわずかでした（当時の中国製乗用車の車種は「上海」「紅旗」くらいでした）。改革開放政策の当初も、中国は貧しい国だから人民の足となる乗り物（バス）や、物資を運ぶ自動車（トラック）を生産すべきとの方針が出されていました。

1987年、中国として初めての自動車政策である「三大三小」政策が出されました。これまでのバスやトラックを重点生産するという方針から、将来を見越して生産機種の重点を乗用車に切り替えることになったのです。

そして、無秩序な生産工場の乱立を避けるために乗用車生産は許可制となり、生産工場の数も制限されました。このとき乗用車の生産が認められた工場は、「三大三小」と呼ばれました。「三大」とは生産能力が大きいことを意味し、「第一汽車」「第二汽車（現在の東風汽車）」「上海汽車」がこれにあたりました。これに対して、「三小」は生産能力が小さいことを意味していて、「北京汽車」「天津汽車（現在は第一汽車に吸収）」「広州汽車」の3社がこれにあたりました。

1988年、三大三小に「二微」政策が加わりました。当時は冷戦時代が終わろうとしている時期で、中国の国防産業（兵器産業、航空産業、宇宙産業、電力産業、原子力産業、船舶産業）は赤字を垂れ流していましたから、中国政府は国防産業が民需産業に転換することを推奨していました。この方針に沿って、1985年には兵器産業と航空産業の工場で自動車（スズキの商用車。乗用車にあらず）の生産が始まりました。しかしこれらの工場は、1987年の乗用車生産工場の指定から外れてしまい乗用車生産はできませんでしたので、翌88年、兵器産業と航空産業は国防産業という強い政治力を使って政府を動かし、自分たちの傘下の工場で乗用車が生産できるよう働きかけ、それぞれ1か所の工場で乗用車の生産が認められることになりました。

中国政府は、自動車産業として歩んできた三大三小と、技術力や資金力に勝る国防産業との競争を避けるため、国防産業が生産する車は1000cc以下と制限を設けました。1000cc以下の車は小さな車であることから「微」と呼び、これらの二つの工場を「二微」と呼びました。結局、中国の乗用車生産工場は、「三大三小二微」の8工場になり、現在の中国の乗用車生産の主力工場になっています。

スズキの中国進出は、兵器産業と航空産業が自動車生産を認められた時、軽自動車のナンバー1であったスズキに「商用車を生産したい」ともちかけられたことに始まります。先にも紹介した通り、スズキは兵器産業と航空産業の傘下工場で1985年から商用車のライセンス生産を始めたのです。その一つが現在の長安汽車であり、もう一つが昌河汽車です。1988年に兵器産業の傘下工場である長安汽車が「一微」として乗用車を生産できることになり、スズキの乗用車のライセンス生産が始まりました。

思惑は小出しにして相手をはめていく

1994年、中国政府の中で自動車産業をどのように発展させていくかで大きな論争が起こりました。一種の権力闘争が行われたのです。

論争の一方の主張は、遅れている中国の自動車産業を発展させるには、一から研究開発をしていたのでは時間やコストがかかりすぎるので、自動車先進国に追いつけない。海外から技術と資金を導入したほうが技術習得は早くできるし、一から研究開発するよりも安上がりで経済的であるというものでした。

もう一方の意見は、自動車産業を基幹産業に育成していくのであるから、多少の時間がかかっても自動車の開発は中国独自で進めるべきだというものでした。

この権力闘争では、「海外から技術と資金を導入する」という意見が通り、「自動車工業産業政策」が発表されました。この決定に影響を与えたのが、1985年に合弁経営を始めていた上海VW（フォルクスワーゲン）の成功だったと言われています。

この政策では、「海外の自動車会社は、同一カテゴリー（乗用車類、商用車類、オートバイ類）で合弁会社を二つまで持つこと」が認められましたので、海外の自動車会社は、中国に複数の合弁会社を設立しました。当時は自動車産業が海外との合弁の奨励業種にもなっていたこともあって、歓迎のムードの中で多くの外国自動車会社が積極的に中国で合弁事業に乗り出しました。相手となる中国の自動車企業は、このときまだ三大三小二微の枠がありましたので、これらの企業との合弁でした。

先の論争から10年後の2004年、中国政府の中で再び自動車産業をどのように発展させるかで論争が始まりました。

前回論争に敗れた一派は、従来の自動車政策を批判しました。海外から資金と技術を導入して中国の自動車産業を発展させるという方法は、確かに自動車の生産量を増やしたけれども、いったいいつまで技術料を外国の自動車会社に払い続けるのか、というわけです。論争の中心は、「自前の技術が育っていない」という点でした。

海外の自動車会社は、中国を市場として見て進出したのですから、そこで車を開発しようなどと考えてはいませんでした。中国で研究開発をしていないのですから中国独自の技術など生まれるわけがありません。

とはいえ、中国の産業全体が力をつけてきた時期でもありましたので、2004年の論争は「中国独自の技術で自動車開発を進める」という主張が勝利し、新たな「自動車産業発展政策」が出されました。

新たに制定された「自動車産業発展政策」の目的は、中国が独自の知的財産権を持つ技術で自動車を生産し自主ブランドとして販売することで、外国企業に技術料を支払わないようにすることなのです。これまでの政策から180度の転換です。

政治と経済が一体の中国では、政策が真逆に変更されることはよくあることですが、すでに合弁で進出していた外国の自動車会社にとっては大問題です。この政策が進展していけば、外国の自動車会社が開発した車を合弁会社でライセンス生産することができなくなり、外国の自動車会社にはロイヤリティが入らなくなりますし、生産用の部品も販売できなくなります。

中国政府は、自前の技術で車を作る「自主創新政策」を推し進めるため、合弁会社に圧力をかけてきました。自前の技術で車を生産するためには、その技術を生み出す研究開発センターが必要ですので、合弁会社に対して研究開発センターの設置を要求したのです。しかし、もともとは海外からの技術と資金の導入を奨励する自動車政策によって進出していた外国の自動車会社に、180度違う政策を要求することが憚られたのか、研究開発センターの設置は「行政指導」という表に現れない形でなされたのです。

外国の自動車会社はもともと、中国で車を開発する計画などありませんでしたので、研究開発センターを設置する気持ちは全くありません。しかし、政府の要求も無下にはできないので、形だけの研究開発センターをつくりお茶を濁していました。行政指導という形の要求に対し、見せかけといえども研究開発センターを設置するという対応をしたわけですが、実はこの段階で共産党の術中にはまってしまったことになります。当然のことながら、中国政府は見せかけの研究開発センターでは満足しません。静かに、気づかれないように、重要な文言を文書に挿入する形で、次の手を打ってきました。

静かに、気づかれないように……

重要な、決定的な文言を気づかれないように文章に挿入するという手法は、中国でのビジネス交渉では日常的に使われます。重要な文言をさりげなく、気づかれないように文章に挿入しておいて、いつの間にか相手を自分の希望するような状況に落とし込むわけです。

中国では、共産党が政府よりも上位にあることはご存知の通りですが、どうしてそのような仕組みになっているのかと言えば、中国憲法前文に、「中国共産党が国家を指導する」と書いてあるからです。この短い「中国共産党が国家を指導する」という文言によって、その立場に明確な上下関係が出来上がっているのです。それを保証するために、軍隊は国家ではなく中国共産党に属する形になっているわけです。

これと同じような手口が自動車政策でも行われました。

2006年、「自動車産業発展政策」を踏襲した「第十一次五カ年計画・自動車の部」が発表され、現在にまでこの政策が引き継がれています。

この「自動車の部」にかかれている内容を一言でいえば、中国を「自動車大国」から「自動車強国」に発展させるというものです。

「自動車強国」とは、自前の知的財産権のある技術で車を開発し、自主ブランドの車を生産できる国をいいます。政府は、合弁会社に研究開発センターを設置させ、そこで作られた車を生産販売することによって「自動車強国」を実現しようと考えました。合弁会社は研究開発センターをなかなか作ろうとしませんでしたので、強制的に研究開発センターを設置させるべく、気づかれないように、強制力のある「五カ年計画」という一種の法律に書き込みました。

外国企業は、五カ年計画がどこで、どんな内容で議論されているのか全く分かりません。ある日突然発表されたものに従うしかないのです。こうした突然の政策変更も中国でビジネスを行ううえでの大きなリスクです。

「第十一次五カ年計画・自動車の部」の合弁会社に関係する記述を紹介しますと、静かに、気づかれないように、重要な文言を挿入していることが明らかになります。

指導方針

・市場メカニズムを利用して産業の高度化を促進する。
・合弁会社は、ＷＩＮ―ＷＩＮの関係と製品の高度化を図る。

自主創新能力

・企業の研究開発能力を全面的に高める。
・自動車メーカー（合弁会社を含む）は、研究開発機構を設置し、新製品は自主的に研究開発した製品を主とする。
・合弁会社も導入した車のプラットホーム（シャーシー、足回り、エンジン）に適合する車を開発改良する。

産業構造の高度化

・合弁会社はＷＩＮ―ＷＩＮの発展原則を堅持する。
・合弁会社は自主ブランド製品を打ち出し互恵の目標を漸次実現する。

静かに、気づかれないように挿入された文言が、どこか分かりますか？「自動車メーカー（合弁会社を含む）」という個所が、それに当たります。「自動車メーカー」という言葉は、五カ年計画のあちらこちらに書かれていますが、「（合弁会社を含む）」と記載されているのは、ここ1か所だけです。しかもこの記載によって、「自動車メーカー」と書いてあるところは全て「合弁会社を含む」と読まざるを得ないのです。どのような車を生産販売するかも当局の認可が必要です。この五カ年計画に従えば、自主開発した車でなければ生産販売ができなくなりました。この政策に反対であれば中国から撤退するしかありません。すでに、この計画に沿って合弁会社は自主開発車を販売し始めていますので、政府の思惑通りにことが進んでいます。ですから中国が自動車強国になるのは時間の問題です。

中国政府の次の狙いは、おおよそ推察がつきます。次は合弁会社に、生産した車を輸出するように圧力をかけてきます。

中国の現在の輸出は、先進国から重要な部品を輸入して中国で組み立てる形で成り立っています。この加工貿易的な方式はそのうち、開発途上国にとって代わられます。現在、中国の外貨が潤沢だといっても、このような貿易の形がなくなれば途端に外貨が不足してきます。そのときを見越して自主開発車の輸出圧力をかけてくるでしょう。

そしておそらく、その後は合弁会社を締め出しにかかるでしょう。中国の自動車企業（合弁会社と別に設立した民族系乗用車企業）を保護するために、合弁自動車会社の数を制限し始めるでしょう。中国の自動車政策に協力的でない企業は当然締め出しを食らいます。それは合弁契約の延長を認めないという方法で行われるでしょう。

日系自動車メーカーに課せられた不利な条件

日系自動車メーカーの中国での活動を伝える日本の新聞や雑誌の記事に「日系メーカー反転攻勢」「反日デモの被害から立ち直る」「大幅な販売増加を見込む」などと勇ましい活字が目に入ることがあります。しかし実情を知っている私としては、勇ましい活字が紙面に躍っていると逆にむなしい気持ちになります。

２０１３年の中国の乗用車の販売実績は、１７９２万８８５８台で世界第一位の実績です。前年比では15・７％伸びています。しかし、中国で合弁をしている日系自動車メーカー全体の市場占拠率は、16・５％しかありません。メーカー別の販売実績を見ると日本の大手3社（トヨタ、ホンダ、日産）の中国合弁会社の占拠率は14・5％で、平均すれば1社5％弱です。ちなみにアメリカのGMの中国合弁会社の市場占拠率は16・6％ありますし、ドイツのVWは16・9％です。

世界中で圧倒的な存在感を誇る日本の自動車産業が束になってかかっても、GM1社やVW1社にかなわないのです。ここまで市場占拠率が低かったら、「何かあるぞ」と思うのが普通でしょう。

実は、日本の自動車産業が中国市場で苦戦しているのは、欧米のメーカーと比較してきわめて不利な条件を課せられていることが関係しているのです。

1994年の「自動車工業産業政策」によって、日本の自動車メーカーも中国に合弁会社を設立しました。しかし、日本の自動車メーカーの中国への参入は、それぞれの会社の事情は違えど、欧米自動車メーカーに比べ遅れました。

中国政府は、日本の自動車メーカーが遅れて参入したことを咎める姿勢をとりました。日系メーカーが合弁会社を設立するとき、なんと「車体とエンジンを別々の合弁会社で生産すること」を条件として課してきたのです。しかも中国政府は、エンジンの合弁相手と車体の合弁相手は資本が異なっていることを要求しましたので、日本の自動車会社にとってはやりにくいことこの上ない環境になってしまいました。

私にも経験がありますが、車体とエンジンを別々の会社で生産している場合には、車体を生産する会社は、エンジンを外部から購入することになります。エンジンの価格や生産台数の交渉、品質問題が発生したときの対処など、かなりの労力をエンジン供給会社との折衝に使わされます。欧米企業にはこのような条件はありませんでしたので、日本の自動車会社に示されたこの条件は「意図的なもの」としか考えられません。

車体の合弁相手とエンジンの合弁相手が異なっている場合、この状態を解消するには、車体合弁をしている相手とエンジンの合弁をし、エンジン合弁をしている相手とは車体合弁をするしかありません。この新たな合弁会社設立の許認可権も、中央政府が握っています。

中央政府はこの新しい合弁会社設立の許可申請に対してまた条件を出しました。合弁会社に「研究開発センターの設置」を要求したのです。この条件をのまなければ新たな合弁会社設立が認められませんので、日本企業は条件をのむしかありません。日本の自動車メーカーが、こうしたややこしい調整をしている間に、欧米の自動車メーカーは市場占拠率を伸ばしてしまいました。

これに加えて、事あるごとに反日運動です。反日的な行動が起これば必ず日本製品の不買運動が起きます。日本車に乗っていれば危害を加えられることもありましたから、中国の消費者はますます日本車を購入しなくなります。

ビジネスの世界では市場占拠率がトップの企業がプライスリーダーになり、価格以外にも新製品の投入時期や販売政策などで市場に影響を与えることができます。しかし市場占拠率が5%台では、その企業が市場に対して影響を与えることは難しいのです。中国市場における日本の自動車メーカー各社の占拠率が5%では、単独で自動車市場に何らかの影響を与えられるような施策は打てません。「反転攻勢」を目的とした販売政策を打っても影響力は限られたものですから、日本の新聞や雑誌の紙面の活字との乖離は非常に大きなものがあります。

日本の稼ぎ頭の自動車産業でさえ中国においてこのような状況です。他の産業界はしっかりと稼ぐことができているのでしょうか？

スズキ会長の要求

私がお世話になったスズキは、中国に乗用車生産の合弁会社を持っています。200

1年の2月、合弁相手のC集団公司の総経理が重大な契約違反を犯し、この問題を解決するためにC集団公司の親会社である北京のN集団総公司とのトップ会談が行われることになり、私が会長のお供をしてその交渉に同席したことは第一章で触れました。

トップ同士の交渉での会長の要求は「合弁会社で生産する車に搭載するエンジンは、すべて合弁会社で生産する」というものでした。

実は、スズキの合弁会社もご多分に漏れず、車体合弁会社だったのです。エンジンは親会社のC集団公司から購入していました。車体とエンジンが別々の資本の会社で生産されている不都合に会長は早くから気づいており、上記の要求になったのです。

N集団総公司やC集団公司にとっては、スズキの要求は非常に厳しいものでした。というのは、さきにも説明した通り、車体合弁の会社でエンジンも生産するとなると、中央政府の許認可案件となるからです。しかし、彼らはこの厳しい要求を受け入れました。

ではなぜN集団総公司は、この条件を受け入れたのでしょうか。

交渉が始まって直ぐ、N集団総公司から契約違反問題を解決するための条件の提示がありましたが、会長は相手の提示に一言のコメントもすることなく、「わたしの要求を申し上げます」と前置きして、「合弁会社で生産する車に搭載するエンジンは、すべて合弁会社で生産する」という自分の要求を突きつけました。

私はこれまでいろいろの場所に会長のお供をしてきましたが、このような重大な交渉のときでも、会長は普段と変わらない様子です。N集団総公司は、鈴木会長の普段と変わらない態度の中にも、いつもと違う何かを感じたのかも知れません。いずれにしても会長は自分の要求を100%通し、合弁会社でのエンジンの生産は認められることになりました。

上海市、広州市のトンデモ規制

私は2001年の4月に長安鈴木の総経理として派遣され、直ちにエンジン工場の建設に取り掛かりました。エンジンが生産できるようになれば、エンジン価格を交渉する煩雑さから解放され、品質問題が発生しても自社で解決できる体制になり、「やれやれ、これで販売に全力を集中できる」と思った矢先、とんでもない情報が飛び込んできました。

上海市が2001年から排気量1000cc以下の自動車に黄浦江をくぐる海底トンネルの通行を禁止し、さらにラッシュ時の高架道路の乗り入れも禁止するというニュースでした。それまでも、ナンバープレートの競争入札で小型車を購入するには車とほぼ同額の落札費用が必要で、小型車メーカーには不利な販売状況でしたが、東京でいえば首都高速道路の走行を禁止するこの規制で、上海市での長安鈴木の製品「アルト」の販売は完全に息の根を止められてしまいました。事実上、「上海では小型車を販売するな」というに等しい仕打ちです。

上海市は「交通渋滞を解消するため」として、小型車を市内から締め出す方法を採用したわけですが、1998年から2000年まで上海市で生産される車（実質、上海GM車や上海VW車）には入札で優遇策がとられていました。それは上海市で生産される車の入札予定最低価格が2万元であるのに対し、他地域で製造された車は10万元からオークションがはじめられたことです。要するに、「ナンバープレートを取得するにはこれ以上の値段をつけろ」ということです。このことからも、小型乗用車の走行規制も本当に渋滞を解消したいのか疑問です。渋滞解消には小型車ではなく大型車の市内への乗り入れを制限した方が遥かに効果的なはずです。

上海市のこのような交通渋滞対策は、広東省の広州市にも飛び火しました。広州市はもっと過激で、2001年8月から1000cc以下の小型車の販売を禁止してしまいました。すでに販売された1000cc以下の車も、2002年の5月から広州市の主要幹線への乗り入れを禁止してしまったのです。もうむちゃくちゃな政策です。これらの政策に抗議しても、行政当局は全く聞く耳を持ち合わせていませんので、腹立たしさとむなしさが募るだけです。自分の車だけ売るなと言われたのと同じですからこの時の気持ちをご理解いただけると思います。

広州市の言い分は、「中国の南の玄関口である広州市に小さな車が走るのは似合わない」という、ずいぶんと勝手な理屈です。広州に住む人民の都合ではなく、お役人の面子で行政を行っているわけです。上海市にしても広州市にしても、「貧乏人は車に乗るな」といわんばかりの規制です。これで上海市に続き広州市という大市場を失ってしまいました。

中央政府は、このような恣意的な制限は違法だとしていましたが、地方政府は聞く耳を持ちません。勝手に条例をつくっては独自の行政を行っているのです。

中央政府のお膝元の北京市では、ナンバープレートの数字によって1週間に1日、走行できない日を設定して交通渋滞の対策としています。2006年3月まで小型車には中国の象徴である天安門の前を走る長安街の走行を規制していましたが、販売に影響が出るような制限ではありませんでした。

これらの制限措置は、我々が合弁会社を設立したときにはなかった政策です。普通の資本主義国や先進国の常識では考えられない行政の対応には散々苦労させられました。「さすが中国」と皮肉の一つも言いたくなります。

都市から締め出された二輪車

私は中国の大都市を回って、不思議な感覚にとらわれたことがあります。それがなんであるのか、しばらく気が付きませんでした。大都市をいくら歩いても、子供の泣き声や騒ぐ声、喧嘩する声がまったく聞こえないのです。一人っ子政策の影響なのでしょうか、大人ばかりの風景に一種異様なものを感じたことを記憶しています。

中国の大・中都市に旅行した人は、日本の都市と何かが違うと感じると思います。中国の北京や上海のような直轄市や省都さらには主要都市では二輪車の走行が禁止されているのです。ですから二輪車のエンジン音が全く聞こえてきません。二輪車はどこを走っているのかといえば、田舎を走っています。

都市から二輪車を締め出した理由は、車、二輪車、自転車の混合交通の道路では、二輪車はスピードも出るし急には止まれないので危険だというものです。本当にこのような理由で二輪車を規制するのなら、車の規制をした方が実効性はあると思うのですが。

その一方で、電動自転車がかなりのスピードで自転車と歩行者の間を走り回っています。電動自転車は、バッテリーを使ってモーターを回して走ります。確かに四輪車や二輪車のように排気ガスを出さないのでクリーンな車ということはいえますが、二輪車と同様にスピードは出ますから、危険という意味からすれば二輪車と同じです。そのうちにバッテリーの鉛の処理に困り、鉛公害が発生して大騒ぎになることでしょう。

我々が中国に合弁会社を設立したときには、二輪車に対するこのような走行規制はありませんでした。2000年前後から、騒音が大きい、安全性が低い、速度が遅く渋滞を招くなどという理由で、主要都市ではナンバープレートの交付が停止されました。

二輪車の規制も矛盾を矛盾とも思わない中国らしい理由づけです。混合交通では二輪車はスピードが出て急に止まれないから危険だと言いながら、こちらでは速度が遅く渋滞を招くという。騒音が大きい、安全性が低いと言いながらそのような車を農村で使用させているのです。行政が自分たちに都合の良いように適当な屁理屈をつけるのは、彼らの得意とするところです。自国の民にこのように対応するのですから、外国人には理由にならない理由を振りかざすのはよくあることです。

ちなみに中国の二輪車の2013年の生産台数は2289万1700台で輸出台数は916万8100台です。騒音が大きくても、安全性が低くても、スピードが出ようが出まいが、輸出するには支障がないのです。

撤退するのもラクじゃない

第二章で、合弁契約を結ぶ際のチェック項目として「解散事由を明確にすること」を挙げておきましたが、中国では実際、企業経営を中止する場合でさえも、自分たちの一存では決められません。

中国の企業形態には独資会社、合弁会社、合作会社（外国企業と出資して会社を経営するのは合弁と同じだが、経営の主導をどちらがするか、利益の分配をどちらが先に受けるか、契約が満了したときの会社の所有をどちらにするか、などをあらかじめ決めておく企業形態）がありますが、いずれの形を取ろうとも、禁止業種でない限り中国に参入するときには歓迎されます。認可機関は非常に協力的で、会社の立ち上げに関するすべての手続きはスムースに進むのですが、逆に撤退するとなったらすべての手続きがスローになります。場合によっては撤退が認められず、すべてを捨てて帰らざるを得なくなることも覚悟しておかなければなりません。

撤退がスムースにいかないのには四つの理由が考えられます。

一つ目の理由は、企業が撤退するには認可機関の承認がいるということです。合弁契約書や定款には、「合弁契約を解約するには当事者の合意と認可機関の承認が必要」と書かれています。認可機関という第三者の思惑が入り込みますから、問題がややこしくなることは当然です。中国での企業撤退の決定は、当事者同士だけでは決められないのです。認可機関が企業の撤退をなかなか認めないのは、地方政府管内の総生産量が減り、税収が入らなくなり、雇用の機会が失われるので、地方政府の役人にとってはマイナスの実績になってしまい、彼らの出世の機会が遠くなってしまうからです。だからこそ、時に難癖をつけてでも解散の承認をしないのです。

二つ目の理由は、合弁会社の解散の場合、「董事会の全会一致の決議」が必要なことです。

中国の合弁出資者は、外国企業と合弁することによって多くのメリットを得ています。技術やノウハウを手に入れることができますし、先進的な工場管理の仕方も勉強できます。ですから、なんとしても合弁関係を解消したくないという気持ちを強く持っています。独資会社であれば出資者が単独で意思決定できますが、合弁会社や合作会社となると、出資者の利害が複雑になり、意見の一致を得るのが非常に難しくなります。

三つ目の理由は、２００８年1月から実施された「中華人民共和国労働契約法」によって、労働者の権利が強化されたことがあります。

この法律によって、労働者の権利が大幅に拡大され、会社の解散、中止にも労働者の賛成を得なければならなくなりました。この法律ができるまでは、比較的簡単に労働者の解雇ができたのですが、労働者の権利が大幅に拡大され解雇が難しくなりました。

四つ目の理由は、企業所得税の追納要求です。中国政府は、外国企業が中国に設立した会社を解散するときには、それまでに受けた企業所得税の二免三減（外資系企業には利益が出た年から2年間は企業所得税が免除され、その後3年間は半額）の優遇を返還するように要求しています。すなわち、途中で撤退するのなら、これまで優遇を受け支払わなかった企業所得税を払えと言うのです。

外国企業が中国に進出するとき、政府や合弁相手は優遇税制のことを強調しますが、撤退する場合にこの優遇分を追納しなければならないことは決して説明しません。撤退しようとする企業は、経営がうまく行かなくて撤退をするわけですから、資金の余裕などないケースがほとんどです。「優遇を受けた企業所得税を返せ」といわれても、無い袖は振れません。こうしてますます撤退が困難になります。

私は、二輪車を生産していた合弁会社を解散する仕事をしたことがあります。解散をしなければならない理由がこちら側にある場合、董事が全員一致して解散を認める董事会決議を得ることは非常に困難になります。事実、解散事由がこちら側にありましたので、私は身を削るような努力をしなければなりませんでしたし、精神的にも苦痛を感じたことを覚えています。ただ、合弁契約書をしっかり作ってありましたから、相手側にも合弁契約書の重大な違反があり、その弱みを突いて何とか董事会で全会一致で解散決議を得ることができました。

中国の出資者が最もいやがるのは、会社の名前から外国側の名前が消えてしまうことです。合弁事業から外国側が撤退することは、中国側は自分達の面子がなくなると考えるのです。

ここまで述べてきたのは、会社経営が上手く行かずに撤退をする場合でしたが、逆に会社経営が上手く行っていて契約を延長するときにも、認可機関の承認が必要です。日本側が合弁経営や独資での会社経営を継続したくても、それができるか否かは認可機関の判断次第ということになります。高度な技術を必要としない事業では、外国企業が関わる必要がありませんので、延長はほとんど認められないでしょう。

比較的高度な技術を必要とする自動車産業でも、生産能力が過剰気味になっている現状と、中国の民族系自動車会社の保護発展のため、中国政府は合弁会社を新たに認めようとしませんので、日本側が合弁会社の延長を希望しても許可が下りないケースが出てきます。現在、外国との合弁自動車会社は26社ありますが、自動車を中国自身の技術で開発し生産する「自主創新（中国企業の乗用車工場）」の進展次第では数社しか延長は認められないものと思われます。外国側がいくら希望しても中国政府の選択に身を委ねるしか方法はないのです。自分のことを自分で決められないことが中国ビジネスでの最大のリスクです。

人民日報の1面で日本企業たたき

自分の要求を相手に認めさせる手段として、中国はマスコミを総動員して相手を窮地に追い込むという手段をときどき用います。日本製品不買運動は、外国たたきの典型です。古いところでは、1986年の三菱自動車のロングボディートラックのクレーム問題（シャーシーに亀裂が入ったという問題。当初三菱は否定）を処理するときにメディアが使われました。

1986年秋、人民日報は1面で「三菱は中国人民をだましに来た」と報じました。当日、私はたまたま出張で北京の国営輸出入公司の会議室にいました。部屋の外から日本語の会話の声が聞こえてきたので、「次のお客さんが見えているようですから、これで失礼します」と挨拶して席を立とうとしました。

すると先方から「いや、まだいてください、急ぐことはありません」と言われました。私はそれでも「外にお客さんが待っているようですから」と退席しようとすると、先方は「すぐに帰らなくても大丈夫です。彼らは三菱自動車の人間です。中国人民をだましたのですから、待たせておけばいいのです」と言い放ったのです。三菱のトラックを中国に輸入していたのが、この国営輸出入公司だったのです。

余談ですが、三菱とこの輸出入公司は損害賠償の交渉をしました。交渉の一部始終が実名入りで一冊の本になって発売されました。商魂たくましい人たちです。

トヨタ自動車は「コマーシャルの内容が中国を侮辱している」という理由で、日本航空は「中国人乗客の扱いが粗雑だった」との理由で、東芝、キヤノンそしてソニーなどはそれぞれの電子製品の品質問題で、メディアの攻撃を受けました。有名な企業、大手企業、日本を代表する企業であればあるほど、攻撃を受ける可能性は高くなります。

中国は自分の意思や目的を達成するためには、メディアを総動員させて一種の脅しのような、なりふり構わない行動にでます。

「誠意ある対応」をするとつけあがる

これらはいわば国を挙げた嫌がらせですが、中国でビジネスをしていると、個人的な脅しや嫌がらせを受けることもあります。

私が長安鈴木の総経理のときのことです。販売した車に不具合が出て、お客さんがかなり怒っているという情報が入りました。サービス課長に詳しく調べさせたところ、ホイールとステアリングを結んでいるハブという部品が破損したというのです。この部品は安全上の観点から非常に重要で、日本からの輸入部品でもありましたので、不具合があるのか心配になり、その日のうちに現場である広東省の江門市に向かいました。私がすぐに現場に出かけたのは、そのお客さんと面識があったからです。彼はスズキと取引がある二輪車工場の幹部社員でしたので、誠意ある対応を取りたかったのです。

お客さんからどのような状況で車が動かなくなったのか詳しく説明を聞き、現場を確認したあと、調査のために破損した部品の一部を預かろうとしたのですが、お客さんは部品を渡してくれません。彼は「広東省の消費者品質管理局に持ち込む」というのです。彼が勤める二輪車生産会社の董事長は私の知り合いでしたので彼にも説得を頼み、私も時間をかけてお客さんを説得し、破損した部品の一部（残りはお客さんが保持）を預かって、日本の本社に破損した原因の調査を依頼しました。

この事件の結末を言うと、顕微鏡検査の結果、部品そのものに全く問題はありませんでした。破損の原因は、このお客さんの奥さんが、前輪を道路の側石に引っかけたまま強引に後進したためであることが分かりました。

にもかかわらず、お客さん（というか、クレーマーですが）が消費者品質管理局に部品を持ち込むと脅した理由は、総経理である私がいきなり表に出てきたので、車に重大な欠陥があるに違いない、高額の損害賠償金が取れる、と判断したからです。日本では、はじめ総責任者が前面に出ることは「誠意ある対応」と受け取られますが、中国では、はじめから責任ある立場の者が出て行ってはいけないのだそうです。

この教訓は北京で生かすことができました。

北京のスズキ中国投資有限公司の責任者のときです。投資公司では、日本から完成車を輸入して販売していました。ある時、マニュアル車を購入したお客さんが、「クラッチの切れが悪い」と事務所に文句をいいにきました。この車を販売した店に問い合わせると、同じ人物と思われるお客さんが、販売店にも同じような苦情を持ち込んだことが分かりました。その時販売店が調べた限りでは、クラッチには「異常がない」ということでした。

当社のサービス課長の診断でも異常は見当たりませんでしたので　私はサービス課長に対応を任せて、前面に出ることはしませんでした。この客は、最初のうちは文句を言ったり苦情を言ったりしているだけでしたが、次第にエスカレートして「車は返すからカネは倍返しせよ」「車をつかえなかったので損害賠償せよ」と要求してきました。交渉は押し問答が続き、かなりの時間が経過し夜も遅くなりましたので、彼らは一旦帰ることになりました。この客はサービスマンに「俺は日本に住んでいたことがある。俺の左手の小指の先がないことを、日本人の責任者に伝えろ」と言い残しました。幸いにして中国人のサービスマンには、その意味が理解できませんでした。

私は最後まで表に出ませんでしたので、客は根負けして帰っていきました。後でわかったことですが、この人たちは外国の自動車メーカーをターゲットにしたタカリ屋で、他の外国自動車メーカーにも同じような手口でカネを要求していたそうです。実際に高額な解決金を支払った自動車メーカーもありました。

「現物出資」というズルイ手口

中国に進出する企業は、最初に工場を建てる土地を確保しなければなりません。中国の土地は国家のものなので、土地を使用する権利を購入する形になります。土地使用権に関しては、外国人も中国人も国から購入する点では同じですが、外国人には地方政府や合弁相手から提示された土地使用権の価格が適正価格なのか分かりません。分からないものを購入するのですから、これ程リスクの大きな買い物はありません。

合弁会社を設立すると仮定します。中国の合弁相手は現金の代わりに土地使用権を出資としてくることが一般的です。いわゆる現物出資です。

合弁会社に現物出資として提供される土地は、合弁相手が政府から使用権を購入したものです。地方政府は、内部で決められた土地使用権価格に自分たちの取り分を上乗せして中国側の出資者に提供します。中国側の出資者は、その価格にさらに自分達の取り分を上乗せして外国側出資者に提示します。外国側は、提示された価格が適正なのか調べようとしても、「国家機密」という都合のいい理由で土地に関する資料を出してもらえません。近くに合弁会社があれば、そこの土地使用権価格と比較することもできますが、合弁相手に「高すぎる」と言ったところで、「政府が基準価格を改定した」とか「物価が上昇したから」とか、適当な理由をつけて自分の言い分を正当化するでしょう。

つまり、外国企業が土地使用権を購入するときは、中国の合弁相手や地方政府の言いなりなのです。たいていの場合、合弁相手は信じられないような安い価格で土地使用権を政府から購入し、それを常識では考えられないような高い金額で合弁会社に出資という形で提供しています。

ひどいケースでは、現物出資した土地の評価額が中国側の払い込むべき出資額を超えていることがあります。評価額が出資額を超えたからといって、政府に土地を返す訳にもいかないので、この場合、「合弁会社が中国側の出資者から超過分を借り入れした」という経理処理になります。借入金ですから、合弁会社が稼働しはじめたら、返済していかなければなりません。

外国企業が進出する工業団地は、元々荒地や小高い丘陵のような二束三文の土地です。小高い丘はダイナマイトで爆破して、ブルドーザーで整地します。そこに道路をつけ、上下水道、電気、ガスなどのインフラを引くだけで、工業団地は出来上がりです。何の価値も生まない死んでいた土地にインフラを引くだけですし、整地工事には農民工の安い労働力を使いますからコストはあまり掛かってはいません。インフラも道路から工場への引き込みは当然工場の負担です。それ以外にも工場が稼働するのに必要な工事はすべて工場の負担です。細かいことを言えば、工場に沿って走る道路の半分（工場側）は、工場の土地で土地使用料を支払って道路として供出させられているのです。

現物出資は土地だけでなく、建物も対象になります。建物の場合にもからくりがあり、現物出資する側に有利な評価方法がとられます。

日本では建物の価値は残存価格とするのが普通ですが、中国の評価の仕方は全く異なります。まず、現物出資される建物と同じものをいま建設するといくらかかるかを見積りします。次に現物出資される建物が建設後何年経過しているかを調べます。そして、見積価格から経年分を償却したとみなして減額して評価額を算出します。例えば、10年前に建設された現物出資される建物と同一のものをいま建設すれば3000万円かかると見積りされたとします。中国の建物の償却期間は20年ですから、現物出資される建物は半分が償却されたことになりますので、見積価格の半分の1500万円が現物出資される建物の評価額となります。10年前にいくらで建設したかは関係ありません。建設資材の高騰、人件費の上昇などを理由に建物の見積は意図的に高い価格になっていますので、建物の正当な価値の3～4倍の価格で買わされることになっているのです。

合弁会社を例に説明しましたが、独資や合作の場合でも土地使用権を購入し、建物を借りたりするのですから、全く同じ理屈です。

こうしたからくりを知れば、地方政府が外国企業の誘致に積極的になる理由もよくおわかり頂けるでしょう。外国企業を呼び込めば、土地使用権を提供することで、まず甘い汁を吸うことができます。中国側の合弁相手は、土地使用権を高く評価して現物出資することで、出資額が膨らみます。払い込むべき出資額を超えようものなら、「返済金」という名目で現金収入が発生します。おそらく、その「返済金」の何割かは、地方政府の有力者へのキックバックとなっていることでしょう。このように、中国企業は外国の合弁相手さえ見つければ、無一文でも立派に合弁事業ができてしまうのです。まさに、現代の錬金術といっても過言ではありません。地方の役人や外国企業の合弁相手となる中国企業には、これ以外にも公にできないうまみがたくさんあることでしょう。

これまで述べてきたように、土地でも建物でも現物出資すれば中国側が必ず有利になりますので、もしこれから中国で事業を始めたいと考えている企業の方は、絶対に現物出資は避けてください。出資者同士が現金で出資すれば、中国側の出資者もできるだけ安い金額で土地使用権を購入し、建物を建設したいというインセンティブが働きます。

もし、どうしても相手が「現物出資」を譲らない場合、その相手はあなたを騙そうとしているか、本当にカネがないかのどちらかですので、合弁相手としては相応しくありません。交渉を決裂させた方が身のためです。

第四章　中国経済の将来は明るくない

知的財産権が保護されていない

これまで、中国人ビジネスマンの行動様式や、交渉の具体的な場面で発生する問題などを記してきましたが、この章では、中国の産業界そのものの問題、ビジネスを取り巻く社会環境などの問題について考えてみたいと思います。

改革開放政策を取り始めたころの中国は、どの業種においても海外からの技術と資金の導入に熱心で、真面目に対応していました。しかし、少し力がついてきた最近の中国は、海外から技術を導入することを敬遠し始めています（前章で指摘した通り、導入するとうまみのある「資金」の方は敬遠しません）。

自前で製品を作るには知的財産権のある技術が必要で、それを獲得するにはまず基礎的な技術の蓄積がなければなりません。知的財産権を主張できるような技術は、基礎技術の蓄積があって初めて獲得できるのです。

しかし、自動車業界を例にとると、基礎的な技術の蓄積がなされる前に、最新の技術を持った車が次から次へと導入されてきました。自分たちに消化する能力があるか否かには関係なく最新の技術に飛びつくのは、中国人の習性ともいえます。他人よりも少しでも高いものを購入したい、他人のものより一つでも高価な部品がついているものを購入したいという自己顕示欲が、ビジネスの世界にも入り込んでいるのです。

中国の自動車企業の総経理の任期は1期4年で、たいていは2期8年を務めます。彼らは出世するために実績を作らなければなりませんから、最新の技術を持った車を導入して販売台数を増やし、利益を上げることに集中します。

しかし、基礎技術がないところに最新の技術を導入しても身には付きませんから、いつまでたっても海外の技術に頼るという構図が続いていたのです。中国政府が今になって「自前の技術で自主ブランドの車を生産するのだ」と躍起になっている背景には、このような事情があるのです。

中国の技術者が、基礎技術をマスターした上で新しい独自の技術を開発すれば知的財産権も主張できるでしょうが、その知的財産権が中国では保護されていないという大問題があります。

中国の技術者は、海外から導入された技術がどのように利用されているのかをよく知っています。ある中国の企業が外国から導入した技術は、導入したその企業だけでなく、中国政府の技術管理をする当局によって、その技術を必要とするあらゆる企業にも開示されます。海外企業から提供される守秘義務のある技術でさえもこのような扱いになるのですから、中国人の技術者が仮に自分で技術を開発しても、それを自分のものだと主張するのは事実上無理なのです。中国の技術者が、知的財産権のある技術を開発しようとする気になれないのには、このような理由があるわけです。

市場経済が進展する中で、大金を稼いで成功を収めているビジネスマンや企業経営者はたくさんいますが、技術開発の分野で大きな成功を収めた中国人はほとんどいません。中国政府が熱心に旗を振っても、自分の懐に何も入らない技術者は、容易に踊ったりはしないのです。現在では、海外企業も中国では守秘義務が守られないことをよく承知していますので、価値のある最新の技術は提供しないようになりました。知的財産権が保護されていないことは、中国の企業にとっても海外の企業にとってもビジネス上の大きなマイナスです。

中国の企業と技術ライセンスの契約を締結するときには、「守秘義務の適用除外条項」が書き加えられます。そこには、「政府機関に機密を開示することが法又は法律、命令により要求された場合」と書かれています。要するに「政府が命令すれば守秘義務は負わなくて良い」わけです。

中国では、この条項を入れない限り、ライセンス契約の承認は得られません。これでは海外企業が最新技術の提供などしたがらないのも当然です。

技術は「盗むもの」

工業技術や理化学の分野では、中国から世界をリードする技術やノウハウは出てきません。それもそのはずです。海外からの重要な技術は、政府一括の技術管理によってみんなに共有されますから、必要な技術を自ら開発する必要がないのです。

自社で開発するとなると、開発費用が掛かり、かなり長い開発期間も必要ですから、すぐには実績が上がらないことになります。国有企業のトップにしてみれば、出世の機会が遠のいてしまいます。中国の民間企業の経営者にとっては、利益が上がらなければ、自分への実入りが少なくなります。民間企業の経営者は、この先企業を取り巻く環境がどのように変化するか分かりませんから、企業を長く継続させることよりも今稼げるだけ自分の懐に多くの利益をため込んで将来に備えることの方が大切なのです。

第一章の冒頭で、王建中が清華大学で行った演説内容を紹介しました。彼は「自主開発の必要性を身に染みて感じていた。我々のような国防産業には、外国企業はなかなか技術を売ってくれない。学ぼうとしても学べない。盗もうとしても盗めない。だから自分で研鑽するしかないのだ」と発言しています。彼は「自主創新」について語っているのですから「自己研鑽が必要だ」と主張するのは当たり前ですが、それと一緒に「盗もうとしても盗めない」という発言をしていることを見ても、盗むことが悪いことと思っていないことは明らかです。

必要な技術は黙って拝借するもの。仮に共有の技術の中に必要な技術やノウハウがなければ、「自分たちで開発するより盗んできたほうが安上がり」と考えます。中国の経営者は、他人の技術を無断で拝借しても悪いこととは考えません。

中国最大の自動車メーカー「第一汽車」で、こんな事件が起きたことがあります。あるとき、温家宝首相（当時）が第一汽車を視察しました。首相は案内役の総経理に「自動車先進国に追いつき、自動車を自前の技術で生産できるようになるには何年かかるか」と質問しました。総経理はまじめな人だったのでしょう。正直に「20年はかかります」と答えました。温家宝首相の訪問から2週間後、第一汽車の総経理はその職を解かれました。彼は余りにも正直に事実を答えすぎたのです。

いみじくもこの解任劇で、中国政府が目標にしている自前の乗用車の開発が進んでいないことが明らかになりました。

中国の技術者は仲間に技術を隠す

中国の技術者は、自分が持っている技術や知識を同僚や後輩に伝えたがりません。日本の職人の世界では、若くて経験の浅い職人は、師匠や先輩の仕事を見て技術を学びますが、中国の技術者は自分だけの技術やノウハウは人前で見せようとしません。中国人技術者にとっての自分の存在意義は、「だれも持っていない技術を保有していること」にあるのです。彼は自分の人生に対する保証を、「その技術を持っていること」によって得ようとします。その技術が他人に渡らなければ、だれも彼の地位を脅かす存在にはなりません。技術を教えることで自分の懐が大いに潤うことでもない限り、虎の子の技術を他人に教えるような中国人技術者はめったにいません。

私が長安鈴木の総経理をしていた時に起きた事例です。

ある日、生産する製品に技術的な問題が出たので、問題の解決策を日本の本社に求めていました。本社からの回答は、週末になってもとどきませんでした。この時、技術担当の中国人の課長が、「技術的な問題の解決だから自分が休日出勤する」と申し出てくれました。自ら申し出て休日出勤するとは中国人としては仕事熱心だな、と思いました。

週明けの月曜日、課長は「自分で問題の解決策を見つけたので本社からの技術的な支援はいらない」と言ってきました。問題が解決したということなので安心しましたが、依頼していた回答が本社からないことに怒りを覚え、本社に文句の電話をいれました。

すると本社は、「1週間前に図面と作業の改善方法を書いた資料を技術担当の課長宛てに送った」というのです。しかし、私は技術担当課長から「図面を受け取った」という報告を受けていないので、郵送中にどこかに紛れ込んだのかもしれないと思い、同じものを私宛てに再送するよう依頼しました。

送られてきた資料を見て驚きました。問題の解決方法は、技術担当課長が自分で考えだしたという内容と全く同じです。私は課長を呼んで、「日本の本社では技術資料をあなた宛てに送ったと言っているが、受け取っているか」と問いただしました。彼は悪びれることなく「受け取っている」と答えました。

私は、その資料は私からの要請で本社に送付を依頼したものなのに、資料が届いたことをなぜ黙っていたのか、と注意しました。彼は「『○○課長宛』と書いてあったから私のものです」と堂々と答えました。もちろん技術資料は返還させましたが、彼が休日出勤した理由をよく聞くと、同僚に解決方法を見せず自分だけの技術にするためであったことが分かりました。これでは技術の継承はありませんし、発展も望み薄です。

お役人接待の作法

国によってビジネスの始め方は異なりますが、「郷に入っては郷に従え」で、中国でビジネスを始めるなら中国のやり方で行うに越したことはありません。

政経不可分の中国では、ビジネスマンといえども役人との付き合いは必須です。しかし、これがなかなかの技術を要します。

我々ビジネスマンが中国の役人と近づきたければ、まずその役人に面会を求め挨拶します。そして、挨拶や雑談の中で、食事に誘います。しかし、中国のお役人は最初の誘いは必ず断りますので、何らかの用事をつくって次に面談する機会を得るように工夫します。お役人はそれでも二、三回は誘いを断りますが、ここで諦めてはいけません。お役人の立場からすれば、何を求めてくるか分からない相手の誘いに、のこのこと出かけていくわけにはいかないからです。

中国においては、お役人（民間人でも同じ）が食事に誘われるとか、何か価値ある品物を贈られるということは、食事を誘う側や品物を贈る側が、そのお役人に何かのお願いごとがあることを意味しています。根気よく誘っていれば、必ず誘いを受けてくれる時が来ます。夕食の席に来てくれれば、半ば目的を果たしたも同然です。

最初の食事の席では、こちらの目的である彼へのお願いごとを話してはいけません。食事を数回共にし、世間話をする中で、彼の趣味や家族構成などを聞いていきます。もちろん自分の会社の内容なども話し、彼との関係がスムースになってきたころを見計らって、これまでの接触で得た情報を元に、彼の喜びそうな贈り物を用意します。彼の趣味に合うものであったり家族への贈り物であったりしますが、贈り物を受け取ってくれればこちらの目的はほぼ達成です。

贈り物を受け取ってくれた次の夕食の機会に、こちらの依頼事項を話します。すぐに依頼を受けてくれれば良いのですが、協力が難しそうなそぶりを見せたときには、「贈り物が足りない」とのサインです。その場合は、贈り物を増やすしか手がありません。彼の協力がなければビジネスが進まないのですから仕方ありません。

相手が民間の企業の場合には、アプローチの仕方はおなじですが、もっと手っ取り早く本題に入っていきます。

賄賂という「潤滑油」

中国では一般的に、ある人に世話になるときや実際に世話になったとき、お礼として価値のある品物を贈る習慣があります。

中国の市場にモノがない時代には、日本から持参した品物はかなり喜ばれていました。しかし、中国が経済的に発展して、市場にモノが出回ってきた2000年以降は、こうしたやり方が通用しなくなりました。

あるとき私は、初めて会った役人を食事に誘いましたが、まずは断られました。しかし、お役所を訪問すれば会ってはくれます。何回も会ううちに打ち解けてきたので再び食事に誘いましたが、「私たちと食事をしても美味しくないでしょう」と受けてくれません。役所では会ってくれるので、我々の顔を見るのが嫌だと言っているのではありません。言葉を額面通りに捉えてはいけないのです。中国人には彼の言おうとする意味がすぐに理解できますので、中国人スタッフによく話を聞いてみることが必要です。この場合、彼は暗に「食事以外のもの」を要求していたのです。

中国人の間では「カネ」が品物の代わりをすることがあり、依頼する内容や相手の地位などで、おおよその相場というものが存在しています。日本では現金のやり取りは賄賂ということになりますが、中国では「カネ」でのお礼は当たり前のことです。

こうした「カネ」でのお礼は、中国でビジネスをする際に潤滑油の役割を果たしています。中国政府が声を大にして役人の綱紀粛正を叫んでいるのは、余りにも多額な、中国人にとっても非常識な「カネ」がやり取りされ、人民の怒りが爆発しているからです。

中国歴代の王朝はしばしば、一般民衆の怒りを買って滅亡しています。現在は共産党王朝と表現することができます。共産党王朝も歴代の王朝と変わりありませんので、民衆や農民の怒りを買えば崩壊してしまうことを為政者はよく知っているのです。

この「潤滑油」は民間企業間でも盛んに使われています。経済活動があるところでは、必ずお礼やお願いを意味する「潤滑油」が働いています。例えば自動車の部品メーカーが、自動車メーカーに部品を購入してもらおうと売り込みをするようなときとか、その部品に何か不都合が起きて問題を大きくしたくないときなどには、必ず潤滑油が活躍します。この場合、部品メーカーは自動車メーカーのトップだけでなく関係する地位にある部長や課長クラスにまで潤滑油を使いますので、潤滑油がこぼれ出して外にばれるようなトラブルはあまり起きません。潤滑油を巡るトラブルが発生するのは、誰かが「潤滑油」を独り占めにしたときです。ケチなリーダーは必ず潤滑油にまつわる問題を起こして失脚します。

中国社会の潤滑油すなわち賄賂は、仕事をスムースに運ぶための必要悪のような面もありますが、不都合を隠すために使われると大きな問題になってきます。例えば、部品メーカーが技術的な不具合があっても「カネ」で解決できると思ってしまえば、不具合を解決するための努力をしなくなりますので、技術の発展が阻害されます。中国の自動車部品メーカーは総じて、新しい技術の導入、技術の改善、コストダウンなどに熱心ではありません。なぜなら、問題が起きたとしても「潤滑油」という解決手段があるからです。潤滑油が中国の社会的、技術的発展を阻害しているのは間違いありません。

合弁会社においても潤滑油が必要なときがあるかもしれません。このような場合、日本人には不慣れな潤滑油の扱いは、中国側の副総経理クラスに任せるのが良いでしょう。

また日本人が責任者を務める会社では、潤滑油が大きな問題にならないよう注意を払っていることは勿論ですが、問題の出やすい購買部門ではその責任者を3年ごとにローテーションするのもよい対処方法です。

危険物事件誘発罪で懲役7年は幸運だった？

２００９年2月9日、建設中だった中国中央テレビ局の新社屋ビルの北側に隣接する、完成を数か月後に控えた電視文化センタービルで火災が発生し、火は6時間にわたって燃え続け、電視文化センタービルはほぼ全焼しました。火災の直接の原因は、旧正月を祝う花火がビルの屋上に落ち、本来は認められていない断熱材である発泡スチロールに引火したことでした。

北京のランドマークの一つである中央テレビ局のビルの断熱材に、燃えやすい発泡スチロールを内緒で使うとは、さすが中国です。火災の映像は個人ブログや動画投稿サイトなどを通じて広く出回りました。

この中央テレビ局の新社屋ビルの建設は２００５年から始まりました。私は会社への行き帰りにこのビルの横を走る第三環状道路を通っていましたので、建設中のビルが日ごとに姿を変えていくのを眺めていました。そうした親しみのあるビルが燃え盛るのを見たとき、何とも言えない悲しみがこみ上げてきました。

この火災を引きおこしたのは、中国中央テレビ局副総工程師と新社屋建設プロジェクト事務局主任を兼務する「徐威」という人物でした。彼は中央テレビ局という権威ある国有企業の技術部門ナンバー2の地位にありました。

彼が危険物事件誘発罪で懲役7年の判決を受けたとき、個人ブログや動画サイトでは「彼は火災を起こして幸運だった」という趣旨の噂が流れました。「刑期が7年と短くて良かった」という話ではありません。「火災を起こさなかったら不運に見舞われたかもしれない」という、我々にはなかなか理解しがたい理由によるのです。

彼は、新社屋の建設プロジェクト事務局主任ですから、かなりの権限を持っていました。この新社屋建設投資金額は50億元（約950億円）相当といわれていましたから、彼にはかなりの贈り物があったはずだと一般の人たちは考えているのです。今回の火災で、彼は危険物事件誘発罪に問われました。逆に言うと、収賄罪に問われたわけではないので、7年（実際にはそれより短い）の刑期を勤め上げて出所すれば、悠々とした老後が待っているというのです。

言おうとする意味がお分かりいただけたと思いますが、中国の一般の人まで、この火災で裏にあるものを読んでいるくらい「潤滑油」が社会に蔓延しているのです。

質より量の文化

共産主義の中国やソ連では、「突貫工事」という言葉が生産現場で使われることがありました。計画経済のもとでは、決められた製品を決められただけ生産することが義務でした。市場で売れるかどうかとは関係なく、目標の数量を作らなければなりません。生産は生産計画によって行われていましたが、共産主義特有の「万人が平等」という環境下では労働者の意欲が湧きませんので、生産は計画通りには行きません。計画量と実際の生産数とに乖離が出てきます。

しかし、決められた数量は年内に生産しなければなりませんから、年末に近づいて行けば行くほど、数合わせのために、品質には目もくれず「突貫工事」をして生産計画を達成したのです。「突貫工事」で作られた製品は品質が良くないというのが常識でしたから、かつての中国やソ連の国民は年の終わり（11月や12月）に生産された製品は購入しようとしませんでした。

計画経済は一応なくなった現在の中国でも、品質よりも生産量の達成を重視していま す。中国の自動車生産工場に対し、政府は生産機種と生産台数の許可を出しています。生産台数など企業や市場に任せればいいのですが、ここにも古い伝統が生きているのです。工場長は政府から与えられた枠いっぱいの生産をして実績作りに励みます。国有企業になるとその風潮はさらに強く、生産量の達成を第一の目標にしています。これはすでに幾度となく述べてきましたのでお分かりと思いますが、自分の出世のためです。

中国の輸出を支えているのは合弁会社で、そこでは外国人が駐在して品質を管理しています。外国人が帰国すると途端に「突貫工事」状態になり、品質に問題が出てきます。中国の地場企業には当然ながら外国人駐在員はいませんから、いつも「突貫工事」状態で製品の品質も良くありません。

中国人もそのあたりの事情をよく分かっているので、高価なものを購入するときは輸入製品を選びます。輸入品がなければ、合弁会社が生産したものを選びます。

品質が市場を潰す

スズキに在籍していた時、中国から多くの来客者がありました。彼らが工場見学した後の質疑応答で必ず質問することがありました。それは「品質保証部の人員は何人いるか」という問いでした。そして品質保証部員の少なさに驚いていました。初めのうちは彼らの質問の狙いが分かりませんでしたが、何組もの来客者が決まって同じ質問をしてきたので、こちらから質問の狙いを尋ねてみました。彼らの答えは共通していて「製品の品質は何人なら管理できるか」を知りたいというのでした。彼らは製品の品質は品質保証部などの担当部署が作るものだと考えています。日本のように作業者の一人一人が品質を作り上げるという考え方をしません。

中国の民族系の自動車生産企業を見学すると、この思想が生産ラインに表れています。正規の生産ラインの隣には修正ラインが流れています。不良品を不良のまま流してしまい、ラインオフした車は修正ラインに移して完成品にするのです。自分たちは決められた作業をするのが仕事で、良品にするのは品質担当者だと思っているのです。

日本では決してこのような方法をとりません。不良品を川下に流すことはご法度です。品質は作業者一人一人が作り込むという思想ですので、作業者が高い品質意識を持っています。

中国で作業者の品質意識が低いのは、自動車メーカーのみでなく、食品メーカーで作られる製品にも表れます。毒入り餃子事件に始まり、メラミンが牛乳に添加された事件、農薬の基準以上の使用事件、上海ガニにホルモン剤を注入した事件、期限切れ鶏肉事件など数えられないほどの不祥事が次々に発生していることからも明らかです。

品質問題の原因には二つの理由が考えられます。一つはすでに指摘してきたとおり、食品関係はほとんど民間企業が受け持っているのですが、経営者が拝金主義に走り品質よりも利益を優先していることにあります。二つ目は、作業者の品質に対する意識の問題があることです。作業者はただ決められた作業をこなすだけです。時には決められたことすら行わないことも出てきます。

中国の輸出は製品が廉価であるという理由のみで支えられていますが、経営者から作業者まで品質意識を変えない限り、市場から歓迎されなくなることでしょう。

工場見学に行ったら「刑務所」だった!

中国が海外から技術を積極的に導入しようとしていたころの話です。当時スズキは、吉林省の自動車工場にエンジンを販売していました。この工場はスズキの車をマネしてそっくりな車体を作り、この車体に購入したエンジンを搭載して販売しようとしていました。

エンジン販売のビジネスは、まずまずの推移をしていました。彼らは正式にライセンス生産をしようと考えてもいました。あるときこの工場の責任者から、エンジンを購入するのにたくさんの外貨を使っているので、日本側も何か買ってほしいと申し出がありました。今では世界一の外貨準備を誇る中国ですが、2000年以前は外貨が不足していて、ライセンス契約を結ぶときは必ず政府から「外貨バランスは自身の責任で解決する」、要するに「外国企業は中国から何かを輸入する」という文言を要求され、契約書に書き加えられていた時代でした。

我々が購入できるような部品はこの工場には見当りませんでしたが、日本では「熱い、喧《やかま》しい、汚い」という理由で生産が嫌われている鍛造《たんぞう》・鋳造《ちゅうぞう》部品であれば購入する可能性があるのではと考え、鍛造・鋳造工場の見学を申し込みました。

2日後に鍛造・鋳造工場の見学の許可が取れたということで出発しました。車で1時間走ってもその工場には到着せず、さらに1時間近く山の中を走ると、目の前に大きな建物が現れました。どうみても工場のような外観ではありません。

車が建物の前に到着して、初めてそこが何であるのか分かりました。門の表札には

「○○刑務所」と書かれていました。

刑務所の見学は護衛つきで、見学者一人に銃を手にした二人の警護官がつきました。囚人が仕事をしている作業場は異様な雰囲気でした。火を使う仕事ですから、気温の高い環境の中で頭を丸坊主にした眼光鋭い4〜5人の囚人が、銃を携帯した二人の刑務官の監視のもと、上半身を裸にして汗びっしょりで鋳造品を作っていました。

囚人の動作は非常に緩慢です。よくよく観察してみたら、彼らの足には足枷がはめられており、その鎖の先には丸い鉄球がついていました。囚人が歩くときはその球を引きずっていたのです。

収監されている囚人は重大かつ凶悪な罪を犯しており、刑期が15年以上の者たちということでした。囚人といえども足枷をして作業をさせていたら日本では人権問題になるでしょうが、もちろん中国では誰も文句が言えません。めったに見られない貴重な光景に、少し興奮したのを覚えています。

当然のことながら、この刑務所から鍛造・鋳造品を購入することはありませんでした。仮に品質の問題が出た時、どうすればいいのか見当もつきません。工場の幹部はおそらく体裁さえ整っていればよいと考えて、品質のことなど頭になかったのでしょう。

貧富の差の拡大

産業界の問題から今度は社会そのものの問題に移りますが、現在の中国社会最大の問題は、富の分配がうまく行かず、貧富の差が年々拡大していることでしょう。昔は皆が平等に貧しかったのですが、今では都市住民と農家、農家でも近郊農家と地方農家では雲泥の格差ができてしまい、もはや修正不可能なところまで来ています。

貧富の差が生じたそもそもの原因は改革開放政策にあります。もともとの競争条件に差があったのに、全国一斉に同じ条件で改革開放政策を進めたことで貧富の差が生じてしまったのです。

農業を例にしてみましょう。農民は請負制の下、自分の生産した農産物の一定量を政府に供出します。余った農産物は自分で処分することができるので、消費地である大都市に近い農民には現金収入が入ってきました。しかし、大きな消費地を背後に持たない奥地の農民は、たとえ供出後に余った農産物があったとしても、運搬手段がありませんでしたから市場にもっていくことができません。江蘇省や浙江省の大都市に近い農民は3階建ての家屋に住み、隣が3階建てなら私は4階建てというように住宅の高さを競っています。一方山西省や湖北省などの都市から離れたところに住む農民は、未だに自転車1台買えない生活をしています。靴から足の指が覗いている子供が大勢います。

工業も同じです。売れ筋の商品を持っていたところとそうでないところでは、従業員の給料に大きな差が出てしまったのです。

公務員でも同様のことが言えます。自動車を輸入する権利を持っていた部署では、その輸入権を民間に売り、莫大な利益を得ました。その利益をもとに有名ブランド車の輸入販売会社をつくり、ますます利益を上げていきました。

中国政府は貧富の差の拡大を止める手立てを打ってはいるのですが、豊かになれる者が先に豊かになり、それを追うように貧乏な者が豊かになっていくという鄧小平の「先富論」通りには進んでいません。進まないどころか、先に豊かになった者はどんどん豊かになり、豊かになれないものはいつまでも豊かになれません。

共産主義という生産体制は、私欲のない人間が集まって、初めて成り立つ仕組みではないでしょうか。人間の欲望は、どのような政治や経済の体制であっても同じということでしょう。

貧しさが生み出した知恵

改革開放政策は、元々人民すべてが豊かになることを目指した政策でしたが、為政者が思い描いたようには市場が動きませんでした。豊かになった者はより豊かに、貧しいものはより貧しく、貧富の差は拡大し続けています。

明らかに観光客の風情ではない白人夫婦が、中国の幼児と思しき乳飲み子をあやしながら団体で移動している光景を地方の空港でよく見かけました。このような光景を目にしたときは、貧しいが故にわが子を里子に出さざるを得なくなった農民の苦悩はいかばかりかと胸が痛む思いを経験しました。ただ、ときどき救われる気がしたのは、そのような一団の中に5〜6歳ぐらいの黄色人種の女の子が生き生きと動き回り白人の両親と会話をしている姿を目にしたときです。4〜5年前に白人の手の中に抱かれていた幼児の大きく成長した姿です。

貧しいが故に工夫をする農民も出てきます。「上に政策あれば、下に対策あり」というのは都市住民の専売特許ではありません。一人っ子政策にもかかわらず、農村には子供が二人いる家庭が結構あります。中国の農村では未だに男尊女卑の傾向があります。労働力として男の子がほしいのです。最初に女の子が生まれた場合に、出生届を出さないで二人目を産む農民が多いのです。二人目が生まれた時に双子として出生届を出せば合法的で罰金を払わずに済みます。年齢の違う双子です。「窮すれば通ず」とも言われますが、貧しい農民が考えに考え抜いた対策です。

お金があればこのような苦労をすることはありません。私の知り合いに4人の子供をもうけた販売店の店主がいます。彼は自転車修理業から身を興し、小銭をためて自動車の販売を行うようになりました。そして広西壮族自治区の北海市にホテルを建てるまでに成功した人物です。彼の話によると二人目からの罰金が一人20万元だそうで、3人で60万元（約1140万円）の罰金を払いました。

「ルールを守っていたら怒られる」

日本では「相手の立場にたって考えよ」と教えられますが、中国人はこれとは正反対に自分のことを第一に考える傾向があります。彼らが倫理的に日本人よりも劣っているからではなく、中国人の場合、まず第一に自分のことを考えないと、極端に言えば「命にかかわる」からです。

私が合弁会社の総経理のとき、私の専属の通訳に「どうしてあなたたちは約束を守らないのか」と訊いたことがありました。彼女は日本語教育では中国でもレベルが高い吉林大学の日本語学科を卒業した聡明な女性です。彼女は私の質問に、「ルールを守っていたら私が損をする」と答えました。

北京に駐在していたときには、同じ質問を河北省の大学の日本語学科を卒業した日本語の達者な社員に訊いてみました。彼は「ルールを守ると周りの人から私が怒られる」と返事をしました。

あるとき私は、会社の運転手に「どうしてほかの車の通行の邪魔になるようなところに駐車をするのか」と訊きました。彼は「ほかの運転手も同じことをしている。だからお互い様で、口論になるようなことはない。乗降に一番便利な場所に駐車した方があなたにとっても好都合でしょう。なぜいけないのですか」と答えました。

中国の世界自然遺産の一つである九寨溝を旅行したとき、中国人の言い分を身にしみて納得させられる羽目になりました。九寨溝は自然遺産なので、遺産に指定されている敷地内での移動はバッテリーで走る無料バスを利用します。バスの乗車位置は決まっていて、乗客が2列に並ぶように簡単な柵が設けられていました。

柵の中には私を含めて15人程度がバスを待っていました。バスが来る間に乗客の数がどんどん増えてきました。ちょうどそのとき停留場にバスが近づいてきましたが、バスが完全に止まらないのにもかかわらず、バスを待っていた観光客が一斉にバスの入り口に向かって殺到しました。もたもたしていた私は「何をしているのだ、邪魔だ」と後ろにいた人間から背中を押され、怒鳴られてしまいました。

乗車できなかった私は、やむなく次のバスを待ちましたが、次のバスが来たときも同じ光景となり、またしても乗車できませんでした。このままではいつまでたってもバスに乗れないと悟った私は、日本人を捨てて中国人になりました。バスが来たところで人をかき分け我先にとバスの乗降口に走り、無事乗車できました。「郷に入っては郷に従え」ということわざをしみじみと体感しました。

中国で生活していると横からの割り込み行為は日常茶飯事ですが、自分たちもどこかでしているからか、それを注意する人はめったに見かけません。中国と長く関わっている中で私もすっかり「中国流」が身についてしまい、日本に帰国してからも中国で学んだ「割り込みの技術」が無意識に出ることがあり、家族が一緒に出歩いてくれなくなりました。

「ルールを守ると損をする」「ルールを守ると周りの人から怒られる」「皆がやっている

からルール破りを誰も怒らない」国で、「ルールを守りましょう」「順序良く並びましょう」と呼びかけたところで、「アホか。お前は俺に死ねというのか」と馬鹿にされるのがせいぜいです。

パトカーの先導サービス

中国では「カネ」がすべてという思想がいたるところにはびこってきています。

中国の一般市民の希望や夢は、自分の子供に高等教育を受けさせ、社会に出て良い会社に入り、高い給料を得ることです。子供を有名な大学に入学させるには、小学校から塾に通い、厳しい競争に打ち勝たねばなりません。子供を塾に通わすには「カネ」が必要。やっぱりここでもカネなのか……中産階級の親たちは、このような気持ちで過ごしています。

共産党の幹部や企業経営者となると希望は一段上がります。彼らが望んでいるのは、自分の子供を海外の大学に留学させ、そこで生活できるようにすることです。そして将来的には、子供を頼って自分も海外に行き、そこで生活をすることです。そのためには永住権が必要ですが、永住権を取得するのに最も手っ取り早い方法は、その国に一定額以上の投資をすることです。ですから彼らは、子供の学費のための「カネ」と、自分たちの永住権取得のための「カネ」が必要になってくるのです。特に民間経営者の多くは中国という祖国に希望を持っていませんから、外国永住を夢見ている人が多くいます。

以上のように、中産階級も共産党幹部や企業経営者も、理由は異なれど「カネが必要」なことは同じです。そこで、奇妙なアルバイトがいろいろ発生するようになります。

ひと頃はよく目にしたものの、最近では北京や上海などの大都市では全く見かけなくなったものに、交通警察のパトロールカーによる先導サービスがあります。比較的リーズナブルな料金でしたので、私も会社のトップが訪中するときは空港とホテルの送迎によく利用していました。

実は、先導サービスは、交通警察のパトロールカーを使っていても公務ではありません。公務ではありませんから先行する車を排除する権限はないし、サイレンも鳴らしませんが、パトロールカーはパトロールカーです。先行する車の後ろからクラクションを鳴らして合図すれば、一般車は公務中と勘違いして道を譲ってくれたのです。

今日、大都市ではパトロールカーの先導サービスを見かけなくなったのは、北京や上海では交通渋滞が激しすぎて、クラクションを鳴らした程度では一般車が道を譲ってくれなくなったからです。

ところで、交通警察を巡っては、こんなエピソードがネットで流れていました。北京の交通警察が、外国の大統領が空港に向かうので交通規制を敷き、高速道路を封鎖しました。高級車を運転していた市民がこの規制に引っ掛かり、車を止められてしまいました。彼はしばらく考えた末に高速道路の入り口をふさいでいる白バイ隊員にこう話しかけました。

「私は今、北朝鮮の指導者であった金正日氏の葬儀に参列するために空港に向かっているところである。しかし、このままだと平壌行きの飛行機に乗り遅れてしまう。葬儀に出られなくなって問題になったら、あなたは責任を取ってくれるのか」

白バイ隊員は無線でどこかと交信していましたが、交信が終わると彼の高級車のところに来て「行け」と合図しました。大統領が通る前の1台も車が通っていない高速道路を一人で走る気分はどんなに良かったでしょう。彼はこの話をネットで流し、市民は彼の機転に拍手喝采でした。

私が中央政府の国家友誼奨の授賞式会場に向かうときにも、交通規制が敷かれました。途中一般道を横切るとき、交通を完全にストップさせましたが、止められた自転車に乗った二人の市民が我々の乗ったバスに対して抗議の拳を突き上げていました。

学校の先生も「高給取り」に

学校の先生は、中華人民共和国が成立したときから薄給と相場が決まっていました。しかし現在は高給取りに変身しています。

給料が高くなったというわけではありません。子供を良い大学に入れるため、小学校から高校まで塾が大流行しているくらいですから、家庭教師のアルバイト先に事欠かないのです。学校の先生はアルバイトが禁止されていますから、さすがに自分のお膝元ではやりにくいので、隣の町の先生にその学校の生徒を紹介してもらい、代わりに自分の学校の生徒を相手に紹介するなどの工夫をしています。自分たちの仲間内、言ってみれば内組織ではギブアンドテイクが成り立つのです。

中国を動かしているのはたったの7人

これまで見てきたように、中国には容易に解決できない問題がたくさんあります。しかも、国土は日本の25倍、人口は10倍です。その大国を頂点で動かすのは、わずか7人の中国共産党中央政治局常務委員です。この7人は聡明で知識も経験も豊かな指導者ですが、いかんせん国の大きさ、人口の多さ、問題の複雑さに比して人数が少なすぎます。最近では共産党内の路線対立は聞かれなくなりましたが、全くない訳ではありません。2012年には「重慶独立国家」ともいえる薄熙来の振る舞いが問題となりましたが、薄熙来とまではいかなくても、中央政府の目の届かぬところで、中央政府の方針に従わない面従腹背の地方政府には事欠きません。

上海市や広州市が勝手に小型車の販売制限をしてきたことはすでに紹介しましたが、排出ガス規制では、お膝元の北京でも中央政府の方針を前倒しして実施したことがあります。それは中国が初めて本格的な排出ガス規制を実施することになり、そのレベルをユーロⅢとした時のことです。中央政府が排出ガス規制の発表から1年後に実施としていたにもかかわらず、北京市の環境局は中国の玄関都市という理由で、国よりも6か月早く実施しました。しかも新たに販売され登録される車からではなく、すでに走っている車も対象とすると言い出したのです。すでに販売された車を対象にすることは対応が難しく不合理だとの自動車メーカーの抗議に対して、ドイツの部品メーカーの排ガス浄化装置をつければ合格とするというでたらめな、しかも意図が見え見えの方針を打ち出しました。

これなどは全く地方の横暴です。このようなことが中央政府のお膝元で行われるくらいですから、中央政府の目が届かないところでとんでもないことが起こるのも当然です。中央政府が地方政府に対して権限を行使できるのは人事権だけですが、人事権だけで地方政府を抑えることは難しいのです。

一方、中国の将来を担っていくのは若い世代たちです。反日教育を子供の頃から受けてきた世代が今、続々と大人の仲間入りをしています。中国の子供たちは、テレビのチャンネルを合わせればいつでも抗日戦争の映画を見ることができます。映画に出てくる日本兵は、いつも「ばかやろう」と言って中国人を殴り、「めし、めし」と言いながら下品に食事をしています。ですから中国の人たちは、「めし」と「ばかやろう」という日本語を知っています。日本人は中国で「めし」と「ばかやろう」は言わない方が身のためです。

中国の子供たちは一人っ子政策のため、両親や祖父母に可愛がられて育ってきました。これを揶揄して6人の家臣にかしずかれる「小皇帝」と呼ばれています。もともと自分を主張しなければ生きていけない環境に加え、わがままに育ってきましたから、以前の中国人に輪をかけて自己主張してきます。

中国に進出している企業やこれから出て行こうとする企業が相手にするのは、反日教育を受け、自己主張することに慣れているビジネスマンとなった「小皇帝」であることは、忘れずにいた方が良いと思います。

第五章　中国事業の責任者に必要なマネジメント技術

中国ビジネスが成功するか否かは、派遣されているビジネスマンや、中国事業にかかわるビジネスマンの資質にかかっています。そこでこの章では、私のこれまでの中国ビジネスの経験から、二つのカテゴリーに分けて、中国にかかわる日本人ビジネスマンに伝えておきたいことを書いてみることにします。

一つ目は、経営者としての基礎知識です。私は総経理として合弁会社をマネジメントする立場になったとき、トップマネジメントの知識を持ち合わせていませんでした。後になって、「ああ、あの時はこうすれば良かったのか」と思うことがありましたので、トップマネジメントに必要な基礎知識、特に中国でマネジメントする場合に必要と思われる基礎知識について書いてみます。基礎知識は理論的なものが中心ですが、トップマネジメントの知識を持ち合わせないながらも私なりに打ち出した施策とともに、「理論と実践」という形で紹介することとします。

二つ目は合弁会社のトップとして、実際にビジネスを行う上で必要と思われる総経理としての資質について感じたことを記します。

付加価値を生み出すための三つのルート

現地に派遣される総経理や幹部のビジネスマンは、最低でもマネジメントとは何かとか、企業とはどのような存在なのか、リーダーシップとは何かなどの知識を持っていなければなりません。それまで日本で任されてきた中間管理職的な常識は、いったん捨てる必要があります。

企業は、「技術的変換」という仕事を行って、「付加価値」という成果を生み出しています。すべての企業は必要なインプットを市場から購入し、そこに自分が得意とする技術的変換を加えて、その結果として生まれる製品やサービスを市場で販売するという形でアウトプットしています。自動車会社では、鉄板やアルミなどの材料や原料、さらには電子製品などの部品を外部から購入し、それらを社内で加工（技術的変換）して製品にし、市場で販売しています。

企業が生み出した製品は、売れた時に初めて意味を持ちます。付加価値は、売上額から外部より調達したインプットの支払いを差し引いたもので、言い換えると「外部から仕入れたものにどれだけの価値を付けたか」を示しています。そして「どれだけの価値を付けられたか」が企業の存在意義をはかる指標です。企業が生み出した製品が売れるか否か、需要のある製品を作れるか否かは、企業が持っている「利用可能な技術」にかかっています。

企業は、競争に打ち勝ち、自身を存続させていくために市場で売れる製品を次々に開発しようとします。この開発のために企業は、新しい技術を発見して蓄積したり、すでに持っている技術を改善し新たな可能性を蓄積したりしていきます。企業が、売れる商品をつくりだすのに必要な技術を獲得する方法は、①研究開発での発見蓄積（新技術）、②生産工程での発見蓄積（改善）、③製品の流通過程での情報蓄積（お客さんの要望、苦情）の3通りです。「企業とはどのような存在か」を理解できれば、企業が付加価値を生み出すのに必要な技術的変換能力の獲得は、この三つのルートしかないことが分かります。

中国で合弁会社を経営していて、改善提案制度をスタートさせる際も、ただ単に「日本でも行われているから」とか、「企業にとって有益な制度であるから」などの漠然とした理由ではなく、「企業が生き残るために必要な技術を蓄積する方法は、3通りしかなく、そのうちの一つが生産工程での発見である」と説明したほうが実効性は高まります。特に戦略的な思考法に慣れている中国人には、この説得法が有効だと思います。

販売店に対しても同じことが言えます。販売店に対して市場情報のフィードバックを求める際、「これは会社のためにもなるし、販売店のためにもなるのだ」といってお願いしても、中国人は「何かウラがあるに違いない。出し抜かれてなるものか」と、こちらの意図を疑ってきます。前述した通り、中国人の頭の中には、「WIN－WINの交渉」というものは存在せず、交渉には勝ちと負けしか存在しないからです。そのような打ち出し方よりも、「企業が生き残るために必要な技術を蓄積する方法は3通りしかなく、そのうちの一つは流通ルートである」ことを販売店に説明し理解してもらったうえで、我々が求めているのは、「流通ルートの改善のための販売店の意見や、お客さんの要望や、苦情などの情報である」と説明したほうが効果的です。

合弁会社の総経理を務めていた時、私も従業員に改善提案の提出を要請しました。提案1件に対して5元の奨励金を支払ったので、かなりの提案がありました。ただ、いま述べたようなことを事前に明確に意識していたら、より多くの協力が得られたのにと反省する気持ちもあります。

一段高いレベルに

企業が社会においてどのような存在かを理解できれば、次はマネジメントです。

海外の企業に責任者として派遣されるときには、トップマネジメントを担うことになります。日本企業の管理職として行ってきたミドルマネジメントより、カバーする領域はずっと広くなります。

マネジメントは、制度やルールを作ることによって組織や人を動かすこと、売り上げを伸ばして利益を増やし、企業を発展させるために行動することです。マネジメントは、内向きの行動（組織のマネジメント）と外向きの行動（環境のマネジメント）に分けることができます。

組織のマネジメント

「組織のマネジメント」は、会社の内側のマネジメントです。社員の分業（担当）をどのようにするか、協力して仕事（協働）をしてもらうにはどうしたらいいかを考えて行動することです。社員にやる気を出してもらうには給与を上げるに越したことはありませんが、平等に払えばいいのか、仕事の成果によって差をつけたほうがいいのか、もし差をつけるとしたらどのような方法で仕事の評価をしたらいいのかなど、事前に考えておくべき事項はたくさんあります。また、社員が協力して働いているときに、突発的なことが起こったらだれに報告するかを決めておく必要もあります。

組織のマネジメントには二つの本質があると言われています。

一つ目は、「他人を通して自分のしたいことを行う」というものです。トップは一人ですべてを行うことは不可能ですから、社員に自分の代わりに仕事を行ってもらいます。そのとき自分が望ましいと思う方向に、企業を動かしてもらうのです。

二つ目は「協働を促すこと」です。従業員が協力して働いてくれて上手く行ったときは、従業員単独でできる総和より大きな成果、すなわち大きな付加価値を得ることができます。反対に従業員が反目しあえば付加価値は総和より小さいものになってしまいます。こうした状況が続けば、企業は存続できません。

中国人に「任せた」は禁句

こうした本質を持つ組織のマネジメントを実施するときには、三つのポイントで工夫を施すことを忘れてはいけません。

一つ目は、分業（担当）と人の配置の工夫です。適材適所ということです。

二つ目は、従業員間の意思の疎通が行われるための調整です。情報がとどまることなく伝えられるようにしておかなければなりません。

三つ目は、インセンティブの工夫です。しかしいつもインセンティブを与えていたのでは動機づけになりません。

社員に気持ちよく意欲的に働いてもらうには、仕事を「任せる」やり方があります。しかし任せてほっておくと自己主張をしだして間違った方向に走り、組織がバラバラになる危険があります。社員に仕事を任せつつ、協働を促しながら、一方では仕事を任せた社員が暴走しないような手立てを行うことが必要です。マネジメントのコツは「任せて任さず」という手綱加減です。手綱加減を示す具体的な方法としては、進捗状況を頻繁に報告させて「いつも見ているぞ」という姿勢を示すことです。また、お金に絡む問題では、それぞれの職位で決済の上限金額を決めておく方法もあります。

中国人スタッフに「任せた」という言葉は禁句です。日本人であればたとえ「任せた」といっても必ず重要な節目では相談があるものです。しかし中国人にはそれがありません。私はこれで一度大きな失敗をしたことがあります。ある仕事を中国人社員に任せたところ、思惑と違う形で進んでいるのに気付いたので文句を言い方向転換させようとしましたが、その社員は「総経理は任せたといったではないか」と反論しました。彼にとって「任せた」の意味は、「すべての決定権が自分に移った」だったのです。この社員に限らず、中国人は「任せた」の意味を一般にそう理解しますから、中国人に対して「任せた」は禁句となるのです。

社員に直接語りかける

組織のマネジメントで、良い結果になった事例をひとつご紹介します。

長安鈴木に総経理として赴任して1週間も経たないうちに、私は全員集会を開いて直接私の口から社員にメッセージを発しました。

前述したように、私は中国担当になる前、6年間労働組合の専従役員をしていました。スズキの労働組合は、他の自動車の労働組合と異なり、春の賃金闘争の最終決定は組合員全員の投票によって行われます。賃上げ交渉を詰めて行って、これ以上の上乗せが難しいと判断したときに、組合執行部はこの条件で妥結したいという提案を組合員にはかります。そして賛否を採るのですが、何千人といる組合員の過半数の賛成をもらうのは大変な作業です。そのために組合は、交渉状況を逐次、組合員に伝えていました。昼休みに職場に報告に入ったり、全員集会を開いて途中経過を説明したり、ビラを配って周知したりもしました。この組合の役員のときに、重要なことを皆に伝えて賛同してもらうには、直接語りかけるのが一番効果的であると身をもって経験していました。赴任した合弁会社でこれを行ったのです。

話したいことはたくさんありましたが、話す内容を多くしすぎると話がぼけてしまいますし、皆の興味のある話に限定しないと聞いてもらえません。そこで、私は次の四つの話をしました。

・5年後に10万台の販売を達成するという目標。
・その目標を達成するために、新たに2機種を導入すること。
・エンジン生産をするためにエンジン工場を建設すること（それまでは車体合弁の会

社だったことは前述した通りです)。
・車体とエンジンの両方を生産することになったのだから、小型車の分野では中国一の品質を目指すこと。

直接従業員に語りかけたこと、車体だけの生産から車体とエンジンの一貫生産体制になることなどで社員の気持ちが一体になり、彼らのやる気を出させることに成功したと感じました。

社員のインセンティブもギブアンドテイク

組織のマネジメントではもう一つ、社員の気持ちが一体となり、やる気を出させることに役に立ったと思われる施策に、改善提案制度があります。改善提案を1枚提出すれば5元を支払ったのですが、私はこの提案件数と提案の採用件数を点数化してそれを累積して、社員全員が年間の累積改善提案点を持つようにしました。この累積点は人事評価にも使いましたが、累積点の多い上位5人には日本への研修旅行という名目の観光旅行のインセンティブを与えました。

ＱＣ（品質管理）サークル活動にもインセンティブをつけました。社内のＱＣ発表大会で優勝したサークルは、スズキ本社で行われる世界大会に派遣しました。当然観光旅行の要素も加味させました。このように短期的ではなく、提案活動とか、ＱＣサークル活動とかの年間の活動に対する評価と日本の本社への旅行という組み合わせのインセンティブは、社内の活性化と社員の意識の一体化に大いに役立ったと思っています。

もちろん、中国人社員の出国許可と日本のビザの取得のため、日本での日程はすべて研修内容で埋め尽くしてありました。

環境のマネジメント

「組織のマネジメント」の次に「環境のマネジメント」の話をします。環境のマネジメントは、主に以下の４分野に分かれます。

・競争相手にどのようにして打ち勝つか、お客を獲得するにはどんな政策を打てばいいのかなど、製品市場に関することを考えて行動すること。

・仕入れる原材料はどこからいくらでどのくらい購入するかなどの原材料市場に関す

ることを考えて行動すること。
・労働者は正規社員を採用するのか、期間工やアルバイトにするかなど労働市場に関することを考えて行動すること。
・資金をどこからいくら借りるか、借り入れは長期にするか短期にするかなどの資本市場にかかわることを考えて行動すること。

環境のマネジメントというと抽象的で漠然としたイメージですが、企業を取り巻く環境は、「製品市場」「原材料市場」「労働市場」「資本市場」の四つしかないと考え、それぞれを担当する部長クラスのミドルマネジメントを置き、それらすべてをトップがマネジメントしているとイメージすれば理解しやすいでしょう。

「値引き」をいかにやめさせたか

環境のマネジメントのうち、「製品市場」にかかわる事例をご紹介します。

私が赴任した当時、スズキの販売店は儲かっていませんでした。儲からない原因に、販売店の間で値引き競争が行われていたことがありました。そこで私は、値引き販売を禁止する方針を打ち出しました。ちなみに製造会社（メーカー）からの値引き販売禁止は現在では独禁法違反になりますが、当時はそのような法律がありませんでした。

当時、販売店は1台売って3000元のマージンを受け取れることになっていましたが、この中から2000元の値引きをして販売していたのです。これでは1000元しか手元に残りませんから、儲かるわけがありません。

値引き販売を止めさせるために打ち出した政策は、アメとムチの政策でした。

①1台売ったときの販売店マージンを3000元から3500元に増額する。
②値引き販売は絶対にしない。
③もし値引き販売をしたことが分かれば取引を停止する。

しかし、新しい販売政策を出しても値引き販売はなくなりませんでした。ある日A販売店が「B販売店が値引き販売をしているのでやめさせてほしい」と訴えてきました。証拠がなければ手の打ちようがありませんので、A販売店にはB販売店が値引きした証拠を出すように要求しました。

数日してA販売店は、B販売店の発行した領収書を持ってきました。私はB販売店を会社に呼び、領収書に間違いがないかを確認しました。B販売店は素直に値引き販売を認めました。

私は販売担当の副総経理を呼んで、すぐにB販売店との取引を停止するように指示しました。

販売担当の副総経理は、私の指示に反対しました。B販売店は販売台数全国第二位の実績を持っていたので、そことの取引停止は販売台数の大幅な減少になります。販売の責任者として、取引停止に反対するのは当然のことでしょう。しかし私は、ルールはルールだという理由で妥協しませんでした。会社にとっても販売台数の減少は痛手です。恰好よく言えば「泣いて馬謖《ばしょく》を斬る」心境でした。

B販売店の総経理に取引停止の決定を伝えると、初めは冗談だと思ったのかニタニタ笑っていましたが、決定が本当だと分かるにつれて深刻な顔になっていきました。B販売店とすれば、全国第二位の販売実績を持っていたので、素直に過ちを認めれば注意を受けるぐらいで済むと思っていたのでしょう。

この取引停止のニュースは1か月ぐらいで中国全土に広がりました。そのころから他店が値引き販売をしているという苦情が入ってこなくなりました。販売実績全国第二位を誇る販売店でも取引停止になったのなら、それほど実績のない販売店なら違反したらただちに取引停止になると考えたのでしょう。

それから2か月後には、販売店に笑顔が出てきました。私は月のうちの10日ぐらいは販売店を訪問していましたので、その変化ははっきり確認できました。訪問するとこれまで以上の歓迎をしてくれるようになりました。販売店は儲け始めたのです。

販売店同士の騙しあい？

一方、取引停止になったB販売店は、その後2週間近く毎日会社に顔をだし、取引停止の解除を求めてきました。その後2か月は週に一度の割合で会社に来ていました。その熱心さに、どこかのタイミングで取引停止を解除しなければならないと思うようになっていました。

さすがに中国人です。「上に政策あれば、下に対策あり」の国ですから、B販売店も取引停止に対して、はいそうですかといって何もしないわけがありません。会社に取引停止の解除を請願に来る一方で、少し離れた隣の町のC販売店から車を融通してもらい、販売を継続していたのです。

B販売店の取引停止には多くのメリットがありました。

一つ目は、「約束は実行される」ということを全国の販売店に知らしめることができたことです。その信頼によって、その後の販売政策の展開が容易になりました。

二つ目は、販売店が儲かるようになって、販売意欲が増し、販売台数も増加するようになったことです。

三つ目は、「規則は守らなければいけない」ことを社内に徹底できるようになったことです。

実は、この話には後日談があります。

B販売店を取引停止の処分にしてから半年後、この処分を解くことになりましたので、B販売店を呼びました。B販売店は大いに喜びましたが、帰りがけに驚くようなことを口にしました。B販売店はA販売店にはめられたというのです。B販売店は、取引停止になったいきさつを値引き販売したお客に話したところ、お客からそれをにおわす発言があったというのです。中国のことですから有り得ない話ではありませんが、私は事情を知りませんのでこれへのコメントは一切しませんでした。

儲かると分かれば一生懸命になる

私が赴任した当時、中国の車に関係する業務は、車を販売する店、修理業務を行う店、修理部品を扱う店と分業になっていました。これらの業務を一つの店でできるようになればお客さんにとって便利になりますから販売が伸びることは分かっていましたので、その方向に舵を切りました。

三つの業務ができる店（「3S店」と呼んでいます）を作るとなると資金が必要ですから、販売店も二の足を踏みます。どのように販売店を説得するかがポイントになりました。

私は二つの方法を考えました。一つはメーカーが資金援助をしてモデル店をつくり、実績が出たところに販売店に見学させることです。その時に販売部門、修理部門、部品部門別に売り上げと利益が分かるようにしておきます。もう一つは、全国大会で3S店になるように私から説得することです。

モデル店が開業してから半年後、私は全国の販売店が集まる大会をモデル店がある四川省成都市で開催して次のように話しかけました。

「車の先進国である欧米や日本の販売店では、車の販売で利益を出している店はほとんどありません。競争が激しいからです。では彼らは何で儲けているのか。修理業務と部品販売です。中国ではまだ車を売って利益が出ていますが、競争が激しくなって、近いうちに欧米や日本のようになります。

車を修理したり、部品を売ったりする方が儲かるのに、なぜあなた方は一番儲かる仕事を他人にやらせているのか理解できません。あなた方は馬鹿です。

もし3S店になりたいと思う販売店には、マージンをアップして、店の改造費用の補助を行いますから、申し出てください」

モデル店の見学、その店の部門別実績、3S店への補助、私の説得などが効いたのか、私の就任の翌年（2002年）には販売店321店のうち21店（6・5%）が3S店になりました。販売台数も前年の3万4000台から6万4185台になり、そのうち3S店の販売台数は2万1888台で全体の34%を占めました。さらに次の年には販売店341店のうち46店（13・5%）が3S店になり、販売台数は10万99台と大幅に伸び、そのうち3S店の販売台数は4万6478台で全体の46・4%を占めるまでになりました。販売が好調だったことで、それまでの累積赤字を解消し、親会社への配当も行うことができるようになりました。ちなみに6万4185台（2002年）と翌年の10万99台は日系メーカーでトップの数字でした。

ここでのポイントは、修理業務や部品販売が儲かることを示したことです。モデル店を作って実際にどのような店にすればよいかを例示し、同時にモデル店の販売、修理、部品の3部門の売り上げと利益を提示し、修理業務や部品販売が儲かることを目で確認してもらったことです。中国は歴史的に見れば、元々重商主義の国ですから、販売店は儲かるということが分かれば、利益には貪欲です。一生懸命車を売ってくれます。

経営の観点からも私は、お客さんと接する販売店を特に重視しました。日本の進出企業のなかで、末端の販売店より自社の営業マンを重要視している企業を見かけますが、そのような企業で成功しているところはほとんどありません。

私は販売店も社外にいる我々の社員と考えていましたので、社員に対してと同様にインセンティブを与えました。それを販売コンテストと呼び、販売店をクラス別に四つに分け、販売台数と対前年の伸長率とで競争してもらい各クラス5位までを表彰すると同時に、日本のスズキへの研修旅行に招待しました。本社の工場見学や日本の販売店を見学してもらうことで彼らのレベルアップができたものと思っています。

この研修旅行を機に販売店が始めたものに、出張サービスがあります。それまではお客さんが故障した車を店まで運んできたのですが、お客さんからの電話で販売店が故障した車を修理するために出かけていくことが始まりました。これは中国では大きな変化でした。

部品メーカーにも競争とインセンティブを

次に「原材料市場」に対しての政策をお話しします。

原材料市場から品質が良く安い部品を手に入れるためにも工夫をしました。長安鈴木が部品を購入する場合、原則として2社から購入することとしました。部品メーカー同士で競争してもらうのです。競争は、納入される部品の品質すなわち不良率、数量間違い、納期、コストダウン実施度などを数値化して順位を競うというやり方でした。仕入れ先全国大会で、この競争の結果として、ベスト10とワースト10を発表しました。ワースト10に入ると取引量が減り、ベスト10に入れば逆に取引量が増えるという仕組みでした。

このほかにもベスト10に入れば乗用車を贈呈するインセンティブをつけましたが、何といっても一番大きなインセンティブは、全ての部品メーカーを対象にした部品代金支払い期間の短縮です。3S店のおかげで売り上げが伸びましたので、キャッシュフローに余裕が出てきました。そこで私は、厳しい要求だけするのではなく、部品メーカーに喜ばれる施策として部品メーカーに支払う期間をそれまでの3か月から2か月に短縮しました。当時は6か月払いの自動車メーカーや現物支払いのところもありましたので、この変更は非常に喜ばれ、その後の仕入れ先政策をスムースに進めることができました。

農民工というカンフル剤

環境のマネジメントで残るは、「労働市場」と「資本市場」への対応ですが、資本市場への対応は本社マターかつ専門的になりますので、ここでは労働市場への対応のみ記します。

長安鈴木の工場の管理者と作業者の大部分は、合弁パートナーから派遣されてきました。スズキは長安鈴木がスムースに立ち上がるように、工場が稼働する前に長安鈴木の作業者を日本の工場に受け入れ、生産の研修を受けさせました。その人数は述べ700人にも上りましたので、工場の立ち上がりは非常にスムースに行きましたし、作業者はラインが止まった時には持ち場の周りを清掃するなどの日本の労働文化を身につけていました。同じ地域に日系の自動車メーカーもありましたが、日本から来た両方の工場の見学者が異口同音に語るのは、同じ日系なのにどうしてこんなにも違うのかという言葉でした。そのぐらい日本での研修の成果があったのです。

しかし私が総経理として赴任したときにはすでに稼働してから6年が経過していましたので、従業員の間でマンネリ化も見え始めていました。そこで私は、近郊農家から臨時工として農民の子弟を採用しました。彼らは、重慶市では優良企業であった長安鈴木からそこそこの給料を得られましたので、真面目に文句も言わずに作業をしてくれました。そのような彼らの態度が、正規の社員の意識を変え彼らに緊張を与えてくれました。もちろん農民工の中の希望者は正規社員に採用したことは言うまでもありません。

スズキ会長の説得力

中国に赴任した頃の私はリーダーとしては駆け出しでしたが、物の本によるとリーダーが直接社員個々に働きかけることは社員のモチベーションアップやパフォーマンスの向上に資すると書いてありますから、私の振るまいも間違いではなかったのでしょう。

私は、リーダーに求められる素養は他人をその気にさせる説得力だと思っています。リーダーシップがあると言われる人は、人をその気にさせる力を持っています。そのような力のある人に共通しているのは、易しい言葉で分かりやすく話していることです。

成功している会社のリーダーの話を直接に、あるいはテレビを通して聞いてみると、「なるほど」と納得させられてしまうことがしばしばです。彼らの話を注意深く聞いていると、内容が目に見えるように話していることに気がつきます。そこに人を説得する話し方のコツがあるのではと気づきます。逆に難しい専門用語を多用して、一方的に得意げに話している演説を聞いていても少しも頭には入りません。

スズキの鈴木修会長は、分かりやすくて面白い話をすることで定評があります。確かに会長の話は説得力がありますが、なぜかと考えると、聞いている側が可視化できるように語っているという点が挙げられます。

彼の著書『俺は、中小企業のおやじ』にも書かれている事例を紹介します。衝突から乗員を保護する目的で、軽自動車の規格が変更された時のことです。大きさがそれまでよりも長さで10センチ、幅で8センチ大きくなることになったのです。一方、排気量は660ccで変わりませんでした。

設計を担当する技術者は、エンジンの排気量が同じで、車が大きくなって重くなれば売れなくなることは分かっていましたので、大きくなる前の車と同じ重量になるように設計していましたが、試作車が出来上がってみると、大きくなる前の車より30キログラム重くなっていました。

そこで会長は、設計の技術者に次のように指示をしました。30キログラム軽くしないといけないが、車の部品点数は3万個だから、1部品当たりは30キログラム÷3万個で1グラムになる。1部品当たり1グラム軽くしてほしい、と。

ここでのポイントは、「1部品1グラム」と目に見えるシンプルな指示を出していることです。「エンジンを10キロ、車体を20キロ軽くして、合計30キロ軽くしろ」と言われたら「できません！」となるでしょうが、「一つの部品で1グラム減らせ」と言われると、設計の技術者は面子にかけても「できません」とは言えなくなります。

私が退社した後のことですが、経費削減のため社内で使われるコピー枚数を減らすことを社員に訴えたときには、こんな話をしたそうです。

「スズキでコピーされる紙の枚数は、年間4000万枚。このコピー用紙は10枚で1ミリの厚さだから、4000万枚の紙を積み上げるとその高さは4000メートルになる。

富士山は3776メートルだから、積み上げれば富士山より高くなる量のコピー用紙を使っている」と話したのです。「せめて、富士山よりは減らそう」と言いたかったのでしょう。

ここでのポイントは、富士山と比較することで可視化したことです。これによってコピー枚数の削減は勿論のこと、コストの高いカラーコピーが大幅に削減されたという効果も生み出されました。

望ましい総経理像

この章の最後に、私の経験を踏まえて、望ましい総経理像を記してみます。

①中国の文化や習慣を理解しようとする人

事業を展開する国に溶け込もうとする努力は大切です。中国語の勉強を始めたり、二胡を習ったり、中国の歴史を勉強しなおしている日本人ビジネスマンは結構います。そうした態度は仕事を進めるうえでも行動に表れ、まわりの尊敬を受けるようになります。

中国人と三国志を話題にしていると、英雄の見方が日本人とは少し違うように思えます。日本人には、蜀の国を治めた劉備や諸葛孔明が人気がありますが、中国人は魏の国を治めた曹操を高く評価する人が多いのです。

②総経理の業務全般に精通していてバランス感覚のある人

「営業だけしかわからない」「生産関係は得意だが営業が苦手」というような人は総経理ではなく「部門責任者」向きです。すべての業務に精通している人が望ましいのですが、なかなか全般に精通している人はいないものです。派遣する前に教育して送り出すか、苦手業務に精通した人間を補佐として派遣することも考えなければなりません。駐在員を多くすれば経費がかさみ経営を圧迫しますので、総経理にふさわしい人材を育成するのが適切な対応と思えます。

③権力を振りかざして威張らない人、他人を見下したりしない人

総経理になる人はたいてい、前職は日本の本社で中間管理職だった人です。そんな人が、ある日突然大きな組織のトップになると、「俺は偉くなったのだ」と勘違いして威張りだすことが非常に多いのです。威張られる相手は中国人ですから、内組織の人間同士としての信頼関係は構築できません。このような上司と部下の関係になってしまっては仕事が上手く回るわけがありません。総経理として失敗の烙印を押される人の半数くらいはこのタイプです。派遣前の総経理教育で肝に銘じさせることが必要です。

④人前で部下を叱らず、別の場所で根気よく説得できる人

威張りだす人の典型的な形として、所構わず人前でも平気で部下を叱る人がいます。誰でも人前で注意されるのは気分がよくありません。特に中国では面子を重んじますので人前で叱るのはタブーです。もし総経理が中国人社員の面子を大きく潰すようなことがあれば、潰された相手は何らかの手で総経理が窮地に追い込まれるようなことを必ず仕掛けてきます。

これは、ある国有企業の総経理が反対派から仕返しをされて、総経理の座を追い落とされた事例です。この総経理は、合理的な考え方の持ち主で、総経理に就任してまもなく、反対を押し切ってこの会社の改革に着手しました。彼は、改革のアドバイザーとして高級技術者を派遣してほしいとスズキに要請してきましたので、全てに精通していた生産技術の技術者1名を派遣しました。

アドバイザーとして派遣された技術者は、彼の知識と経験から、工場の改革案を次々に提案していたのですが、なかなか成果が上がりません。それもそのはずで、総経理に反対する一派がアドバイザーに面従腹背の態度をとったのです。このような状況ですから、1年たっても狙い通りの実績は上がりませんでした。

総経理に反対する一派は、頃合いを見て、次のような口実で総経理を攻撃し始めました。「工場を改革すると言って、日本から高い賃金を払ってアドバイザーを雇ったが、何も成果が上がっていない。彼に払っているアドバイザー料で、中国人30人分の給料を払うことができる。大変な無駄遣いである。このアドバイザーを雇ったのは総経理であり総経理の責任は重い」と。

総経理は、面従腹背のときに反対派の動きを止める人事異動などの手を打つべきでしたが、彼は技術屋でしたので、何の対策も取りませんでした。反対派は総経理を追い落とすことが目的ですから、意識的に混乱するような行動をとります。上記のように正面切って反対し始めると社内を二分した状況になり経営そのものもおかしくなってきました。

この総経理は就任して1年半後にはこの国有企業を去っていきました。

⑤決めたことを信念をもってやり抜ける人

中国側と意見の対立が起きて調整が困難になったときには原則に立ち返って冷静に判断し、正しいと思えば自己の責任でやり抜くことのできる人が求められます。原則に立ち返って、というところが大事です。中国側と対立したとき感情的になって自分の主張を通そうとしてもうまく行きません。業務命令だと言って自分の意見を通すこともできますが、そのような場合は結果が良くても悪くても後が大変です。悪い場合は責任追及が始まります。良い場合でも横暴だと非難され徒党を組まれることもあります。

意見が対立したときには、まず原則に戻り判断するようにしましょう。たとえば、スズキが合弁をしたとき、双方の合弁の狙いは、共同で事業をして利益を得ることでしたが、中国側は目的を達成するのに先進的な工場運営や、営業政策をスズキに求めてきました。そこで工場運営で意見の対立が出た時には、合弁を始めるときの精神に立ち返って、「先進的な日本の工場運営を求めたのではないか」と中国側を説得したものです。原理原則の好きな国民ですから、このやり方が結構うまく行きました。

⑥規則違反には厳しい態度で臨み、公平な判断ができる人

多くの人がいる組織ではルール違反者が出てきます。妥協することなくルールによって公平に裁くことができなければなりません。特に腰掛け気分の日本からの派遣者に甘くならないように注意が必要です。さらに中国人の幹部にもルール通りの裁きをしなければなりません。これは、言うは易しいのですが、行うは本当に難しいです。社員全員が総経理の行動や判断を見ていることを忘れてはいけません。正しいと判断したことをやりきれば、社員がついてくるようになります。

⑦ストライキを打たれても動じない人

日本の経営者の中には、ストライキを打たれて慌ててしまう人がいます。ストライキにはロックアウトで対抗するぐらいでないとなめられます。2週間から3週間、工場の門を閉ざして従業員を工場に入れないようにすれば、労働者間で意見の対立が出てきてストライキの継続が難しくなってきます。労働組合の役員経験者が言うのですから間違いありません。

広東省にある日系自動車部品メーカーで、賃上げをめぐって労使の交渉の結果一旦妥

結したにもかかわらず、他社より賃上げ額が低いとストライキを打たれて、再度賃上げした経営者がいましたが、こんなことをしたらバカにされるだけです。彼は従業員のために良いことをしてあげたのにと思うかもしれませんが、リーダーのとる態度ではありません。

この場合、日本の本社にも現地から対応策の相談があったでしょうから、本社の判断が間違っていたということです。ロックアウトした現地経営者を褒めてあげるぐらいでないといけません。

⑧誘惑（賄賂、女）に動じない人

中国の地方都市に駐在するときには、安全の問題、生活条件の悪さ、日本人学校がないことなどが理由で単身赴任することになります。総経理は会社のトップですからいろいろな誘惑に直面しますが、それらに負けない強い意志が必要です。リーダーである総経理は決して弱みを握られてはいけません。一旦弱みを見せれば、そこを徹底的に突かれます。その弱みが社内に知れ渡ると総経理としての求心力はなくなり、会社を経営することができなくなります。

私は仕入れ先の二人の中国人工場長から「女性を紹介する」との誘惑話を受けたことがあります。もしその誘いを受けていれば、円満に会社を退職できなかったことでしょう。

第六章　中国人ビジネスマンとの交渉術二十箇条

中国とのビジネスが成功するか否かは、契約条件次第です。条件良く契約できればそれだけ有利にビジネスできますが、逆に不利な条件で契約した場合にはなかなか利益が上がりません。有利な条件で交渉を纏めるには、その前提として相手に真似できないような技術があるとか、将来的に有望な技術を持っているとか、相手にはないノウハウを持っているなど、相手から望まれるものをこちら側が持っていなければなりません。取り立てて優秀な技術やノウハウがないのに、安価な労働力や大きな市場を求めて中国でビジネスしようとするのは、中国側としては何の魅力も感じませんので交渉を有利に進めることは土台無理というものです。

合弁契約やライセンス契約のように一回契約すれば何十年とその内容がほとんど変わらないようなものから、売り買いするときの契約のように、その都度交渉していくものもあります。

新しくビジネスを始めようとする企業は、必ず中国側と交渉していくことになりますので、ここでは、日本人の苦手とする交渉を行うときの注意点や心構えを述べてみます。そして、中国の変質と日系企業が置かれているビジネス環境の変化のなかで、中国に進出した日本企業が中国市場をどのように見るのか、また見てきたかによって、その後の対応が分かれるであろうことをお伝えしようと思います。

対華交渉術二十箇条

第一条　お人好しの日本人を捨てること

中国人ビジネスマンと対等の交渉を望むのであれば、まず我々は「お人好しの日本人」であることを捨てなければなりません。具体的にいえば、相手の立場を考慮しないで、自分や自分の会社の立場をひたすら言い立てる、ということです。

交渉に際して我々日本人は、「こんなことを言っては相手に失礼にならないか」とか、「相手は不愉快に思わないか」と考えがちですが、そんなことを思っているうちは絶対に条件の良い契約はできません。相手がどのように考えているかとは関係なく、自分の要求に自信をもってしっかり主張をすべきです。

交渉には譲歩がつきものです。自分の要求を通すには、最初には譲歩用の「水分」をたっぷり含ませておいてください。

日本人はあまり多くの水分を含ませ値引き幅を多くするのは非常識とか、相手に失礼と考えがちです。しかし中国人はそのようには考えません。交渉によって大幅に価格を下げることができれば、彼の実績になり評価が高まります。

日本人は、たいして悪くもないのに簡単に「すみません」と謝ります。中国人ビジネスマンは「すみません」を決して言いません。明らかに自分が悪いにもかかわらず謝りません。なぜなら中国人の間ではいったん非を認めてしまうと、相手の要求を呑まなければならないことになっているからです。前述したように「すみません」とは、「この失敗の責任は私にあります」と同義語なのです。中国人ビジネスマンは、日本人ビジネスマン相手の交渉でも同じ感覚でいますから決して謝ってはいけません。

第二条　原理原則を曲げないこと

これは交渉の基本中の基本です。中国人ビジネスマンは、原理原則と大義名分が大好きです。我々はときたま「まあそんなに固いことを」と原則を曲げることに抵抗がありませんが、これをやると後で痛い目に遭います。

日本の企業が開発した車を中国の企業が生産するとき、中国の企業は所有権を持っている日本の企業から生産する許可を得て生産することになります。その取り決めはライセンス契約ですが、中国企業はライセンス契約によって「生産権を購入した」と解釈します。日本企業のように、「期間限定の権利付与」とは考えないのです。この解釈の違いから、契約期間が終了するときにしばしば問題が発生します。中国企業は生産権を購入したのだから契約期間が過ぎても生産できると主張するのです。ですから日本側は、「生産を許諾しているのであって生産権を販売したのではない」という原則を絶対に曲げてはいけません。「契約期間が過ぎたら生産できない」としっかり契約書に書いておいてください。

第三条　交渉の決裂を恐れないこと

日本人ビジネスマンはまじめで誠実な人が多いので、一旦交渉に入ってしまうと何とか交渉を纏めようとします。その心理状態が、譲歩に次ぐ譲歩に繋がっています。交渉前から譲歩幅を決めておいて、その範囲で纏まりそうになければ交渉を中止し一旦帰国することも必要です。このような行動をとれるようにするには、事前に社内でコンセンサスを得、交渉担当者への会社の全面的なバックアップ体制を作っておくことです。「アイツのせいで交渉が失敗した」という、交渉担当者への責任転嫁は絶対に避けるべきです。

第四条　譲歩は小出しに、時間をかけて、粘りに粘ること

中国側とたびたび交渉していると気心が分かってきたような錯覚に陥り、「誠意を見せる」と恰好をつけて、大幅な譲歩をする日本人ビジネスマンがいます。「誠意を見せる」が通用するのは日本人同士の間だけです。最初の譲歩が大幅だと、二回目三回目も大幅な譲歩をするだろうと期待されてしまいます。そうなると「もう限界で譲歩できない」と泣き言をいっても信用されません。中国人が価格を提示するときには我々が考えられないほどの大幅な「ゆずりしろ」を持っていますので、自分たちと同様だと思っているのです。

譲歩するなら小出しに。譲歩した場合、相手が同じ幅の譲歩をしなければ次の譲歩はしない。交渉は粘りに粘り、こちらから急いで結論を出しにいかない。相手はこちらの疲れを待っていますので、体力勝負を覚悟しておくべきです。

第五条　ダメ元でも良いから、こちらの条件を堂々と要求すること

相手から「でたらめな要求だ」とか「常識外れの要求だ」と非難されても「これが我々の正当な要求である。我々の本当の気持ちを言わなければ、こちらの気持ちが分かってもらえないでしょう」と平然と答えればよいのです。この答え方は、私が相手の要求に対して「でたらめだ、非常識だ」と発言したときの相手の受け答えです。我々も同じことを返しましょう。相手の非難におたおたしては足元を見られます。

第六条　必ず天秤にかけてくるので、焦ったり失望したりしないこと

天秤にかけてくるのは常識ですから、天秤にかけられていることが判明しても焦らず、淡々と交渉しましょう。

「ライバルメーカーの条件はもっと良い」とか「もっと安い」と、こちらの譲歩を求めてきた場合は、「エビデンスを見せてくれ」と要求しましょう。相手が拒否したら、「見せられないということは、あなたの言っていることは嘘だ」と決めつけましょう。

これは私がエンジン交渉で使った手です。もし本物のエビデンスが出てきて、こちらより条件が良ければ、同じ条件にするか、ビジネスを諦めるしかありません。

天秤にかけられたら逆に天秤にかけ返すことができるビジネスもあると思いますので、1社だけと交渉しているのではないことをにおわすのも作戦の一つです。

第七条　「政府の意向」や「行政指導」を鵜呑みにしない

交渉の最中に「政府がこう言っている」とか「こういう行政指導が入る」という言い方をするのは、中国の常套手段です。条件をよくするために必ずと言っていいほどこの手段を使います。日本人はお上に弱い民族ですから、こういう言い方をされるとすぐ信用しがちです。行政指導なら文書があるはずですから「見せてほしい」と要求しましょう。見せられないのであれば口から出まかせの可能性大です。弁護士に事実関係を調べてもらうのも一つの方法です。

第八条　相手の発言内容を全て信用しないこと

面子を重んじる中国人は、交渉相手の質問に「分からない」とは決して言いません。こちらの全ての質問に答えてくれます。しかし、なんでも知っていることなど有り得ませんから、相手の言ったことを全ては信用しないことです。重要な件については交渉相手に聞くのではなく自分たちで調べましょう。

第九条　市場の大きさをちらつかされても焦らないこと

「中国は国土が広く、人口が多い、大きな市場です。この市場を手に入れるか否かはあなた達次第です」と決まり文句を言われても焦らないことです。中国でビジネスをしようと考えている企業にとってはこの決まり文句は本当に魅力的です。しかし国土が広いから大きな市場とは限りませんし、人口が多いからこれまた大きな市場だとは限りません。交渉では焦った方が負けです。

第十条　権限をくすぐられてその気にならないこと

「あなたは会社の代表という重責を背負われて来ているのですから、これぐらいのことは結論が出せるでしょう」といわれてその気にならないこと。これも決まり文句の一つで、相手をおだてて譲歩を引き出す作戦です。権限以上のことは結論を出してはいけません。相手側も結論が出せる権限のある人物が交渉に出てきているのではありません。立場はフィフティーフィフティーですから結論が出せないことは恥ずかしいことではないのです。相手の手に乗ると後が大変です。

第十一条　相手の本心を読み取ること

相手の最大の要求は何か、関心ごとは何かを交渉の中で見つけること。交渉していると相手が何を求めているか、最大の興味は何かが必ず分かります。これが分かれば交渉を有利に進めることができます。

第十二条　小さな、くだらない問題から交渉してくると覚えておくこと

交渉が大詰めに近づいて、双方がこれまでのペンディング事項を整理して最終交渉に臨むとします。日本側は大きな問題から解決しようとしますが、中国側は小さな問題から入ってきます。そして最初に日本側のペンディング事項を解決しようと提案してきます。これには深い策略があるのですが、経験の浅い交渉者では気が付きません。

中国側の狙いは、最後にとてつもない難問をぶつけて、相手からの譲歩を引き出すことです。日本側がペンディング項目としている懸案を解決できたなら、次は中国側のペンディング項目の交渉に入ります。最初中国側は小さなどうでも良いような問題から入ってきます。大した問題でもない事項が続くと日本側の交渉者の心理に「これなら纏まりそうだ」という望みが出てきます。そのような交渉の後に中程度の難しさの問題が持ち出されます。実は中国側はこの問題は大して重要ではないのですが時間をかけてかなり強硬に要求してきます。かなりの時間をかけてぎりぎりの交渉をしてきたのに中国側が突然譲歩します。日本側はやれやれと一安心します。このように安心させて、最後にとんでもない要求が出てきます。長時間の交渉で疲れているところに、しかも一安心しているところにとんでもない難問が出てくると、交渉者の心理として、本来なら譲歩できない内容であるにもかかわらず、これさえ譲歩すれば交渉が纏まるのであれば纏めてしまおうという誘惑にかられます。そこが中国側の狙いなのです。相手を疲れさせて正常な思考ができないように持っていき大きな譲歩を引き出すのは、中国の常套手段です。

第十三条　合意したことは文章にしておく

合意事項は反故にされないように文章にして、双方のサインをして残しておきましょう。中国との交渉では、同意したことでも同意していないとか、逆に同意していないことでも同意したと平気で主張してきますので必ず文章にして残しておきましょう。仮にいったん合意したことを反故にするようでしたら、このような相手とは交渉しても無駄ですから交渉を中止して帰国しましょう。帰国するという強い態度に出ると、案外相手は譲歩してくるものです。相手の譲歩がないのであれば、他の相手を探せばいいのです。

第十四条　サインするときには文章を確認すること

中国側が最も得意とする、文章の改竄や挿入、付け足しが起こっているかもしれませんので、必ずサインする前に確認してください。読み合わせの確認を怠って、泣き寝入りした企業は数えきれません。一旦サインしてしまえば、訂正はききませんので念には念を入れて文章を確かめてください。2〜3か所の改竄や挿入、付け足しは普通にあるものです。

第十五条　帰国前日にサインするのは避けること

交渉内容を文章にすると、かなりの修正が必要となります。帰国前に慌てて文章化するのは避けなければなりません。時間的に余裕がないと問題点の発見もできません。

交渉を始める前に、滞在期間とか帰国予定を聞いてくることがあります。これは交渉の全体日程を決めるのに必要と思われがちですが、サインする日を帰国前日にするように計算しているのです。交渉中に観光旅行を提案されることもありますが、これも善意での提案ではありません。交渉時間を短くする作戦のこともあります。

もし帰国日を聞いてきたら「決めていない。纏まりそうになければ帰国する」と答えておきましょう。

第十六条　通訳は日本人を使う

重要な交渉事には専門の通訳を使うことをお勧めします。この場合日本人の通訳を使うのが良いでしょう。理由は二つあります。一つは中国人通訳を使うと中国側から通訳に圧力がかかり、情報が漏れることがあります。二つ目は微妙な言葉のニュアンスを理解できないことがあります。

これは私の失敗例です。中国のある工場が生産ラインのレイアウトをすぐにでも変更したいと要求してきました。私は専門家同士で検討をすべきと主張したのですが、こちらの説得をなかなか聞きいれませんでしたので、私は強い口調で思いとどまらせようと「勝手にすればいいじゃないか。こちらは責任を取りませんよ」と逆説的に勝手にやってはダメだという意味で発言したつもりなのですが、これを中国人の通訳が「随便做、我們没有責任」と直訳してしまいました。この中国語を日本語に再度直訳すると、「好きなようにしなさい、我々には責任はありません」となります。1か月後に訪問してみると、レイアウトが変更されていました。私がなぜ勝手に変更したのかと抗議すると、「好きなようにしなさい」と言ったではないですかと反論されてしまいました。

通訳を通しての会話は、こちらの言いたいことの半分も伝わっていないと理解しておくべきです。ですから重要な内容を伝えたいときには二度三度と同じことを繰り返す必要があります。さらに通訳が困るような「前向きに」とか「慎重に検討する」などの曖昧な言葉は使わないことは当然ですが、文章を短く細切れにして通訳が伝えやすいように工夫することも必要です。

第十七条　相手の「理解した」「分かった」は「同意した」ではない

このことを理解していなかったために、交渉に失敗した日本人ビジネスマンはたくさんいます。

ある時、生産用部品の価格交渉が2日間に及んでいました。私は相手の言い分を考慮して「○○元で」と最終案を提示しました。これに対して相手は、「交渉が長くかかりましたが、分かりました」と答えましたので、私はこれで価格の交渉は決着したと思いました。この価格であれば十分満足できるレベルでしたので、仏心が出てしまい、もう一つのペンディング事項であった技術資料の提出を約束してしまいました。

ところが契約書を作成する段になり、相手は「価格は決着していない」と言い出したのです。私は「分かった」といったではないかと相手を非難しましたが、相手は「分かったと言ったが、同意したとは言っていない」というのです。相手の「交渉が長くなりましたが」という言葉に惑わされてしまったのです。結局再交渉となりましたが、技術資料をただでとられてしまいました。これ以降私は必ず「同意」か「不同意」か、で確認することにしました。

第十八条　「今回だけ」は通用しない。最初から正当な利益を要求せよ

日本の商売には、最初は赤字でもいいから次回から儲けようとするやり方があります。中国人は赤字になるような商売は絶対しません。商売が成立したのであれば、利益が出ていると考えています。だから、最初は赤字でもいいから後で値上げして儲けようと思っても、こちらが赤字であることがそもそも理解できていないので、値上げには絶対に同意しません。担当者が代われば余計に値上げ話は難しくなります。新しい担当者は値上げを認めれば、前任者より「能力がない」と烙印を押されてその職責から外されてしまいますから、どんな手を使ってでも値上げを阻止してきます。

第十九条　日中友好とビジネスは無関係

中国を訪問する日本人の団体の中には、日中の友好が深まるとビジネスによい影響があると期待する人たちがいますが、日中友好とビジネスは全く関係がありません。しかし、反日運動の方は影響があるのが悩ましいところです。

第二十条　歴史問題とビジネスも無関係

地方に行くと、お役人やジャーナリスト、ビジネスマンの中に時々歴史問題をぶつけてくる人がいます。ビジネス交渉でこの問題を提起する場合は、何かを要求していることが多いのですが、「歴史問題とビジネスは関係ない」と答えて、この話は打ち切ってください。なおもしつこくこの問題を取り上げるのであれば、ビジネス関係を中止すればいいのです。このような相手と取引しても長続きしません。曖昧な態度が一番いけませんので「ビジネスとは関係ない」と、相手が絶対に誤解しないようにはっきりと言い切ってください。

チャイナリスクは今後も低くならない

尖閣諸島や総理の靖国神社参拝をめぐる日中対立は、そう簡単に解決できないと腹をくくるべきです。ビジネスマンは、その上で自分たちの中国ビジネスをどうするのか真剣に考えるべき時期に来ています。

１９７８年、改革開放政策がとられて以降、多くの日本の企業が中国に進出しました。中国に進出した企業は技術と資金を持ち込みましたので、多くの場合は歓迎されました。そして、中国社会の近代化や中国経済の発展に少なからず貢献してきました。

２０００年以降、日本から中国に進出する企業が増えるに従い、中国政府の日系企業に対する扱いが粗雑になってきました。在留邦人が巻き込まれる事件が多発し、日系企業が地下鉄工事や道路建設の競争入札に参加できないなど、日本人或いは日本に対する差別が原因と思われる事態が次々に発生しました。２００５年に中国全土に広がった反日デモは特に顕著な例で、日本大使館や総領事館にまで投石が行われました。

このような状況に置かれてもなお、中国に進出した日本企業はチャイナリスクを考慮した行動や対策を取りませんでした。その原因は、日本の経営層に次のような判断ミスがあったからです。

①「反日運動」は、定期的に発生するもので、それほど警戒するものではない。あるいは自分の企業に影響がなかったから問題ない。

②危険があるから早く利益を確保したいが、儲かっていないので今すぐには引けないという利益優先主義。

③過去の歴史に対する負い目から、多少のことは我慢する（これは中国側の狙い通り）。

④「中国当局を刺激するのでは」という、要らぬ心配（こんな配慮をしても中国当局がほめてくれるわけではない）。
⑤本当に真面目な企業の「日中友好をめざす」という崇高な配慮（前述したように、日中友好とビジネスは無関係）。

「井戸を掘った人を忘れない」は死語

1978年、当時副首相であった鄧小平氏が、松下電器産業（現パナソニック。ただ、2008年の社名変更後も、中国では「松下」を使っています）を訪問し松下幸之助氏（当時相談役）に「中国の近代化を手伝ってくれませんか」と頼みました。これに対し「できる限りのお手伝いをします」と幸之助氏が返したのが発端になり、松下電器産業は翌年、北京に駐在員事務所を開設しました。

1987年、ブラウン管製造の合弁会社を北京に設立し、日本企業では戦後初めて中国に工場をつくり、その後も次々と合弁会社の設立を進めました。2005年には松下グループが出資して中国に設立した現地法人は66社、従業員は6万人を超えるまでになっているといわれています。

2008年、最初のトップ同士の出会いから30年後、来日した胡錦濤氏（当時国家主席）は事前の予定になかった松下電器産業訪問を果たしました。出迎えた二代目の松下正治氏（当時名誉会長）に「中国の発展に尽くしていただき、ありがとうございます」と感謝の言葉を述べました。

この胡錦濤氏の行動は「井戸を掘った人を忘れない中国」の姿を日本国中に印象付けました。1989年の天安門事件のとき、北京に駐在していた外国人は皆、危険が及ぶことを恐れて帰国したのですが、松下の駐在員とブラウン管製造会社の日本人社員は北京に留まりました。この時、松下は中国政府から「真の友人」と褒め称えられました。

しかし、中国の最高指導者に三顧の礼で迎えられた松下ほど中国との関係が深い企業に対しても、反日の風は吹き荒れます。松下のある現地法人では、退職を迫られた中国人従業員約600人が日本人社長を6時間にわたって取り囲みました。不況のために70%の人員削減をしようとしたのですが、中国当局がそれを禁止し、赤字経営を続けざるを得なくなりました。反日デモの際には松下の山東省や江蘇省の現地法人も襲撃されました。「井戸を掘った人を忘れない」や「日本と中国は一衣帯水の国」という言葉は、反日世論の中で死語と化しています。

撤退を恐れるな

これまで縷々述べてきたように、中国はすべての面で変わってしまい、我々外国企業が進出した頃の、技術やノウハウを外国から学ぼうとする真面目で謙虚な国ではなくなりました。中国と今後もビジネスを続けるのであれば、これまで以上のリスクを覚悟しなければなりません。

中国とどのように関わるかの判断は、経営トップにしかできません。欧米企業はすべてをビジネスライクに考え、利益が出ないとなれば早々に撤退を決断します。アメリカ企業で中国から撤退したいと考えている企業は25％に達しているという調査結果もあります。

日本の企業も、中国とのビジネスをどのようにするか決断のときが来ています。中国を安価な労働力が利用できる製造拠点と捉えて進出した企業は、大きな曲り角に直面しています。中国の労働力はもはや安価ではなくなったからです。他方、中国を将来の市場として捉えた場合、今後とも布石を打っていくのかという判断をする時期にさしかかっています。

日本と中国の間では政治的な問題が山積しています。この問題は簡単には解決できそうにはありません。これからの中国ビジネスを取り巻く環境はますます厳しくなっていくと想定されます。その前提でも中国ビジネスが利益を生み続けるのであれば継続できるでしょうが、そうだとしても今以上に投資を拡大するのは控えるべきだと思います。その資金はもっと収益機会の多い他の国や事業に投じるべきでしょう。俗に言う「チャイナプラスワン」の発想です。

常日頃から最悪の事態に備える

これまで順調に経営されていた企業でも、突然ストライキが発生したり、反日運動の影響が降りかかってきたりして、ビジネスが思うように進まなくなることはありえます。中国で事業をする場合、ある日突然、企業が存続の危機に陥ることを想定して、常日頃からこれに備えておくことが求められます。具体的には、以下のような想定をしておいてください。

①グループで進出している企業では、ストライキが発生した場合の対応を、部品メー

カーの対応も含めて日本の本社レベルで練っておく。

②反日の記念行事はいつ行われるか分かっているので、事前に1か月分程度の在庫を用意しておく。

③複数の現地法人を持っている企業では、それぞれの工場の生産設備に互換性を持たせておく。

④合弁会社に利益が出たら内部留保は避け、できるだけ早く親会社への配当などを実施して投資を回収しておく。

⑤いざというときに慌てないで済むよう、撤退するときの手順を確認しておく。従業員に支払う経済補償金の総額を把握しておく。

もし、現在の中国ビジネスで利益の確保が難しいと判断したなら、一刻も早く撤退すべきです。前述したように、撤退の場合でも各方面の同意が必要ですから時間がかかり、スムースにいかないことが想定されますが、このようなときは弁護士に仲介してもらい経費をかけてでもできるだけ早く手を引くことが得策です。

それでもうまく撤退できないときは、「全てを捨てて退く」という覚悟が必要です。

行くも留まるも退くも……

中国を大きな市場と捉えた自動車部品メーカーのミクニは、1990年代に部品メーカーとしては比較的早く中国に進出しました。中国企業からの誘いがありましたので、中国全土に4か所の合弁会社と、1か所の独資の会社を設立しました。この時代の自動車や二輪車の吸気系の部品はキャブレター（気化器）が主流でしたので、合弁会社がスタートした当初、経営は順調でした。しかし中国において自動車や二輪車の排出ガス規制が強化されるに伴い、企業を取り巻く経営環境は大きく変化していきました。また、それに伴って合弁相手との意見の相違が表面化するようになってきたことなどから徐々に経営が難しくなっていきました。

ミクニは、このような状況の変化に対して、二つの決断をしました。一つは合弁会社の独資化です。彼らは中国側と粘り強く交渉して、合弁会社を独資会社に変更していきましたが、全ての会社を独資化するのに3年近くかかりました。

二つ目は、生き残りをかけて、日系企業以外の中国系企業にも取引を広げていくことでした。ご多分に漏れず、中国企業相手では納めた部品の支払いが遅れがちになり、独資会社の存続にかかわるようになってきました。彼らは取引先に対して、遅延している部品代金を支払わなければ部品を納入しないという決断をしました。日本企業ではここまでの思い切った行動はなかなかとれませんが、この企業の製品はそこそこの技術力を必要とするものでしたので可能でした。この部品納入を止めるという一件があってから、この納入先は一度も支払いを滞らせることがなくなりました。現在のようなビジネス環境が悪い中でも、5か所の独資会社は立派に経営を成り立たせ、本社への配当もロイヤリティの送金も行っています。

この会社の素晴らしいところは、現地独資会社が、日系企業から中国系企業に取引先を広げていったにもかかわらず、経営が維持できているということです。この会社では現地の独資会社の重要な経営判断には、本社が全力でバックアップしているに違いありません。そして現地の経営者は並々ならぬ、血のにじむような努力をしているのだと思います。

中国の合弁会社の経営悪化に対し、ミクニは独資化と取引先を中国系企業にまで広げるという選択で乗り切りました。経営環境の変化に対してどのような対応をするか、「行くも留まるも退くも」経営者だけができる判断です。

中国最大の不安要因、外資いじめと理財商品

今後、中国ビジネスに携わるうえで、さらに考慮しておかなければならないことに、外資いじめ（日本企業いじめ）と理財商品問題があります。

一つ目は、自動車ビジネスのところで述べましたが、自動車に限らず自国の産業を保護し発展させるために外資企業の活動を制限してくる心配があることです。中国の国有の自動車会社は、外国の自動車会社と合弁会社を設立して乗用車の生産をしていますが、その一方で独自の乗用車工場をつくり、自主ブランドの乗用車を生産しています。ですから現在の合弁契約が終了するころには、合弁会社の延長はほとんど認められないであろうと思われます。自動車以外の産業も同じことが言えるということです。

二つ目は理財商品が償還不能となり、社会の不安定性が非常に大きくなる可能性があるということです。

私が重慶に駐在しているとき、住居としていたホテルの前にそびえるビルは幽霊ビルでした。建設の途中で資金がショートし、工事が止まってしまっていたのです。1年も経つと鉄筋は錆びはじめ、いたるところから雑草が生えていました。中国では支払われ

た金額に見合うだけ工事をします。医者にかかるにも現金がなければ見てもらえません。これが中国のビジネス習慣ですので、日本からのお客さんを案内する商社の方々は、お客さんが地方で急病になったときなどのいざというときのために、纏まった現金を持ち歩いたものです。

現在では、完成しているにもかかわらず人が住んでいないビル群を「鬼城」と呼んでいます。中国全土にはこうした「鬼城」が数十か所あるといわれ、人が住んでいない幽霊都市があちらこちらに出現しています。

中国政府は、経済の発展のために銀行を通して資金を潤沢に提供していました。地方政府や国有企業は、それらを銀行から入手し巨大な工業団地や商業団地、そして高層住宅の建設などの不動産投資や、公共事業投資をしてきました。

なぜ地方政府がそのようなことをするかといえば、これまでたびたび指摘した通り、地方政府の役人が、中央政府から高い評価を受けて出世するのに最大の効果のある手段が、実績を残すこと、とりわけ総生産指数や税収を伸ばすことだったからです。しかも総生産指数を上げる過程では甘い汁を吸うことができるのですから、不動産投資や公共事業に熱を上げるのは当たり前です。

ところが、中央政府がひとたび経済の過熱を抑えるべく、資金のバラマキを止め資金の供給を縮小してしまうと、地方政府はたちまち資金のやりくりができなくなり窮地に追い込まれました。

困った地方政府や国有企業は、不足した資金をシャドウバンキング（影の銀行）から調達しました。シャドウバンキングは、個人や企業などが通常の銀行の預金による融資ではない別ルートで集めた資金をやり取りする金融取引のことです。

シャドウバンキングは、元本保証のない「理財商品」を一般投資家に販売することで、その資金を調達してきました。理財商品は、「融資平台」といわれる信託会社や不動産会社などが組成し、主に銀行を窓口に販売されています。銀行を窓口にしていますが、銀行には直接の責任がありません。地方政府は、自分たちの傘下の融資平台から資金を調達し、巨大な工業団地や高層住宅の建設、さらには不動産投資を続けてきました。

現在の中国の銀行金利は、普通預金で0・35％です。3か月定期で2・85％、5年ものでも4・75％程度。近年は減速したとはいえ、それでも年7～8％の成長が続いている中国で、このような銀行金利に満足できない人は多く、高金利の理財商品は彼らにうってつけでした。短期の理財商品の利回りは5～6％、2～3年もので9～10％と言われています。

中国経済の減速によって投資した資金の回収が困難になり、資金繰りが苦しくなった融資平台が現れ始めました。理財商品の問題が懸念されているのには、複合的な理由があります。まず、理財商品の規模が当局によって把握されておらず、残高がいくらなのか分かっていないことです。だから、仮に債務不履行になった時に、どれほどのインパクトがあるのかは予測のしようがないのです。確かなのは、理財商品で資金を調達した地方政府は、その資金のほとんどを不動産投資や公共事業投資につぎこんでしまっている、ということだけです。

中国の銀行業監督管理委員会の主席は、理財商品の2013年3月末の残高が8兆2000億元（約156兆円）に達したと明らかにしましたが、理財商品は当局の監督管理下にありませんから、この数字はあくまで「把握できた数字」に過ぎません。一説には、理財商品の規模は300兆円とも言われています。

2014年1月下旬には、理財商品の一部が債務不履行に陥りかけていたという報道がありました。その理財商品の名前は、中誠信託が運用していた「誠至金開1号」です。この商品は1月31日に満期を控えていたのですが、投資先の経営悪化から償還が難しくなり、約700人から集めた30億元（約570億円）が消えてなくなってしまいかねない事態となっていたのです。

しかし、1月27日に正体不明の「月光仮面」が現れて、この理財商品を買い取りました。月光仮面は自分の正体を明かしませんでしたが、どこの誰かは誰もがみんな知っています。中国政府以外に考えられません。無価値なものを買い取る篤志家は、世界中どこを探しても他に見当りませんから。しかし、今後300兆円ともいわれる規模の理財商品が償還不能となるたびに月光仮面が現れるとは考えにくいので、債務不履行は避けられないでしょう。

実は、理財商品に加え、さらに市場を複雑化する要因が浮かんできています。それは、高リスクの小口金融商品「余額宝」が低所得層に爆発的に普及してきたことです。これは、2013年6月からアリババ・グループが「1口1元から始められるオンライン理財商品」として販売を始めたものです。「余額宝」は、たった1年で預金残高が5500億元（約10兆4500億円）を超えたと言われています。「余額宝」の金利は、5～6％でスタートし、現在では4％台になったと言われていますが、それでも銀行の短期定期預金より魅力的です。

儲かる事業には競争相手が出てきます。インターネット検索大手の百度《バイドゥ》も、子会社を通じて理財商品「百賺」の販売を始めました。こうした小口金融商品の人気はいつまで続くのでしょうか。競争が激しい中で、銀行金利より高い利回りがいつまでも続くとは到底思えません。金融システムのリスクはさらに高まっているのです。

第一章で「中国では騙す方よりも、騙された方が悪い」と書きましたが、13億の人民の大多数が騙されていたとなったら、「騙された方が悪い」では済みません。事実と違う「元本保証」という宣伝文句で、銀行の窓口で売られていた理財商品が債務不履行となった時、どれほどの混乱が発生するのかは誰にも予想できないのです。

あとがき

私はスズキを退社後、東京精密の顧問として、その製品を中国市場に販売するお手伝いをし、中国で経験した販売のノウハウを生かすことができました。また2014年の3月までの6年間、愛知大学の非常勤講師として週一回教壇に立ち、若い学生に講義する貴重なチャンスをいただきました。

これらの仕事と並行して、日本IBMなど多くの企業から講演の依頼をいただき、中国ビジネスについて話をさせていただきました。また日本だけでなく中国の地場企業から求められて工場管理や販売のアドバイスもしてきました。一人のサラリーマンが、定年退職後にこのような貴重な経験に恵まれるのは、本当にありがたいことです。

私の中国ビジネスの経験は30年ほど（うち7年は駐在）です。何にもまして幸運であったのは、中国ビジネスの初めから終わりまでを一貫して担当できたことです。製品を中国に売るための価格交渉は勿論のこと、その製品を中国企業がライセンス生産するための契約交渉、ライセンス生産関係から合弁関係に発展していくときの合弁契約、定款、就業規則などの契約交渉と現物出資の評価交渉、さらには合弁会社とのライセンス交渉、部品や設備の価格交渉など、中国に進出して事業を行う上でのすべての業務に携わることができました。そして最後には、自らが交渉して設立した合弁会社の総経理として、中国市場を自分の手で触ってみることができました。定年退職後にも貴重な仕事ができたのもスズキでの経験があったればこそで、このような機会を与えてくれたスズキには感謝の気持ちでいっぱいです。

現在の日本と中国の関係は良好とは言えません。それを端的にあらわしているのが、双方の人的交流が少なくなっていることです。航空機を利用するビジネスマンの数も減っています。

日本と中国の間にはいろいろな問題が山積していますが、隣国同士という関係は切っても切れません。切っても切れない縁を「腐れ縁」と言いますが、地理的な関係以外にも文化や人的な関係においても、日中関係は言ってみれば腐れ縁です。私はこの著書の中で「中国は問題を交渉で解決する国」と書きました。また交渉で大きな問題を解決できたことも例示しました。

問題があっても隣国同士で話し合い、最後は円満に解決して両国が発展していくことが望ましいことですし、必ずできるものと思っています。

この本の完成には、新潮新書編集部の横手大輔さんのご助力によるところが大きいことを申し述べておかなければなりません。素人のつたない原稿を読んでいただいただけでなく、私が何を言いたいのかを短時間で理解され、的確な指摘をして下さいました。厚くお礼申し上げます。

なおこの本を書くにあたっては、以下の本を参考にさせて頂きました。
『ゼミナール経営学入門』伊丹敬之、加護野忠男著　日本経済新聞出版社
『中国ビジネス交渉術』キャロリン・ブラックマン著、白幡憲之訳　朝日新聞社

２０１４年12月

松原邦久

松原邦久　1943(昭和18)年生まれ。1967年に鈴木自動車工業（現スズキ）に入社。同社で中国合弁会社の総経理、北京事務所首席代表などを務める。2004年、中国政府より国家友誼奨を受賞。

Ⓢ新潮新書

602

チャイナハラスメント
中国《ちゅうごく》にむしられる日本企業《にほんきぎょう》

著　者　松原邦久《まつばらくにひさ》

2015年1月20日　発行

発行者　佐　藤　隆　信
発行所　株式会社新潮社
〒162-8711　東京都新宿区矢来町71番地
編集部(03)3266-5430　読者係(03)3266-5111
http://www.shinchosha.co.jp

印刷所　二光印刷株式会社
製本所　株式会社大進堂

ISBN978-4-10-610602-6 C0233

価格はカバーに表示してあります。

Ⓢ新潮新書

558
日本人のための「集団的自衛権」入門
石破 茂

その成り立ちやリスク、メリット等、基礎知識を平易に解説した上で、「日本が戦争に巻き込まれる危険が増す」といった誤解、俗説の問題点を冷静かつ徹底的に検討した渾身の一冊。

559
資格を取ると貧乏になります
佐藤留美

弁護士、公認会計士、税理士、社労士……。「一流の資格」保持者でも、過当競争とダンピングで「資格貧乏」が続出！ 資格ビジネスの「ぶっちゃけた裏事情」を徹底解説。

549
現場主義の競争戦略
――次代への日本産業論
藤本隆宏

本社よ覚醒せよ――敗北主義でも楽観主義でもない。あらゆる産業の実証研究を通して、「何をやりたいか」より「何なら勝てるか」を考え抜く、現場発の日本産業論。

546
史論の復権
與那覇潤対論集

歴史の知見を借りれば、旧知の事実がまったく違った意味を帯びてくる。「中国化」というオリジナルな概念で日本史を捉えなおした若手研究者が、7人の異分野の知に挑む。

535
国家の成熟
榊原英資

デフレは「問題」ではなく「結果」である。成熟という尺度で見れば、日本は世界ナンバーワンの先進国だ――。異色の元官僚が、世界史的展望も踏まえて放つ渾身の日本論。